新新世纪 ◎ 编

藏在 四书五经 里的

那些智慧

孟子

孟子

新疆生产建设兵团出版社

　　"四书五经"是儒家经典著作"四书"和"五经"的合称，"四书"指《大学》《中庸》《论语》《孟子》，"五经"指《诗经》《尚书》《礼记》《易经》《春秋》。它们是儒家文化的核心载体，是中华民族最为宝贵的精神财富。在我国古代，上至帝王将相，下至黎民百姓，都会以"四书五经"为根本依据去修身、齐家、治国、立德。作为现代人要想真正承继以及了解中国传统文化经典，就必须从阅读"四书五经"开始。

　　"四书五经"内容博大精深，有着深厚的文化内蕴，阅读时必须逐句逐段仔细琢磨品味。这套书将逐一介绍"四书"和"五经"，以便使读者对"四书"和"五经"的大致内容有个基本的把握。

《孟子》全书共七篇，是战国时期孟子的言论汇编，记录了孟子与其他各家观点的碰撞，对弟子的言传身教、游说诸侯等内容，由孟子及其弟子共同编撰而成。《孟子》记录了孟子的治国思想、政治策略（仁政、王霸之辨、民本、格君心之非）和政治行动，成书大约在战国中期，属儒家经典著作。

　　本书精选适合当下孩子阅读的篇目，以精练生动的文字、科学简明的体例、丰富精美的图片，对儒家经典《孟子》进行了更加真实、直观、全面的解读，并将其呈现给读者，使得读者能够快速了解《孟子》中所蕴含的深厚哲理。

目录

作者
孟子及其弟子

孟子名轲，山东人。继孔子之后影响最大的儒学家，被后世尊称为"亚圣"

成书时代
战国

战国时代，是中国历史上分裂对抗最严重且最持久的时代之一

《孟子》的基本信息

内容
初学入德之门

《孟子》共7篇：阐发了他以孔子"仁"的思想发展成的"仁政"学说，并建立了以"性善论"为理论基础的养性、养气、养心的哲学理论

孟子生平

孟子，名轲，字子舆（yú），约公元前372年生于邹国（zōu）（今山东邹县一带）。孟子三岁丧父，靠母亲织布维持生计。

孟母重教育，将孟子培养成才。成年之后的孟子开始游说诸侯，实践自己的"仁政"思想。

公元前311年，孟子结束游说诸侯的生活，回到邹国，专心著述，阐扬孔子的学说。公元前289年，孟子去世，终年84岁。他的学说对后世儒学影响极大，被公认为孔子学说的继承者，尊为"亚圣"。

《孟子》里的智慧

孟子总结各国治乱兴亡的规律，提出"民为贵，社稷次之，君为轻"的思想，认为为政者应以爱护人民为先，要保障人民权利。

1　"民为贵"。孟子主张仁政，认为人民是最可贵的

2　"道性善"。孟子诠释心的内容为四端，即"恻隐之心""羞恶之心""辞让之心""是非之心"，这便是"仁、义、礼、智"的四端

3　"明浩然之气"。孟子提出了一整套锻炼、修养、成就人格的学说

4　"黜五霸而尊三王"。孟子继承孔子学说和先圣先王的道统，发扬周公"制礼作乐"的精神

仁者不遗弃双亲

孟子曰："未有仁而遗其亲者也，未有义而后其君者也。王亦曰仁义而已矣，何必曰利？"

译文

孟子说："从来没有讲'仁'的人会遗弃他的双亲的，从来没有讲'义'的人而对他的君主有所怠慢的。大王您也只要讲仁义就够了，何必讲利呢？"

智慧小学堂

在中国传统文化中，"孝"是维系家庭关系重要的一环，古人讲求修身、齐家、治国、平天下，任何有道德修养的人都会重视家庭关系的维系。无论是在古代还是在现代，凡是遗弃双亲的人不单单道德上会受到谴责，而且还属于违法行为，会受到法律的严惩。

五十步笑百步

孟子对曰："王好战，请以战喻。填然鼓❶之，兵刃既接❷，弃甲曳兵而走。或百步而后止，或五十步而后止。以五十步笑百步，则何如❸？"

注释

❶鼓：击鼓，名词动用。❷兵：兵器。既：已经。❸何如：怎么样。

译文

孟子回答道："大王您喜欢打仗，就让我拿战争来打比方吧！战鼓咚咚地敲响了，兵刃已经相接，（打了败仗的）就丢下盔甲，拖着武器，狼狈逃窜，有的逃了上百步停下来，有的逃了五十步停了下来，逃了五十步的拿自己只逃了五十来步这点去讥笑逃了上百步的（胆子小），（您觉得）怎么样呢？"

智慧小学堂

　　"五十步笑百步"，是出自《孟子》一书的著名典故，说的是逃跑五十步的人笑话逃跑一百步的人胆小。究其本质，二者都是战场上逃跑的人，在这样的背景下，五十步笑百步就非常可笑了。

尊老爱幼
zūn lǎo ài yòu

老吾老，以及人之老；幼吾幼，以及人之幼。
lǎo wú lǎo yǐ jí rén zhī lǎo yòu wú yòu yǐ jí rén zhī yòu

译文

尊敬自家的长辈，推广开去也尊敬别人家的长辈；爱护自家的儿童，推广开去也爱护别人家的儿童。

智慧小学堂

　　儒家文化在几千年的历史长河中，早已融入我们的血脉，在我们的传统文化中，"孝"是维系家庭和谐的重要环节。在"孝"的大背景下，尊老爱幼便也成为我们华夏文明的主要体现，同时这也与我们中国文化讲究传承有序有一定的关系。

度心
duó xīn

权❶，然后知轻重；度❷，然后知长短。
quán　　rán hòu zhī qīng zhòng　　duó　　rán hòu zhī cháng duǎn

物皆然，心为甚。
wù jiē rán　 xīn wéi shèn

注释

❶权：本指秤锤，这里作动词，称量。❷度：测量。

译文

　　称一称，然后才知道轻重；量一量，然后才知道长短。凡是物体，没有不是这样的，人的心尤其需要衡量。

智慧小学堂

　　"权"为称量物体的轻重；"度"为测量物体的长短。称量、测量物体的重量和长短，肯定要引入确切的"标准"，既然这样，我们在做事情的时候，肯定也要有一个这样的"标准"去指导自己的行为。这个"标准"并不是一成不变的，它会随着社会变化而变化。

寡不敌众

guǎ bù dí zhòng

然则小固不可以敌大，寡固不可以敌众，
rán zé xiǎo gù bù kě yǐ dí dà　guǎ gù bù kě yǐ dí zhòng

弱固不可以敌强。海内之地方千里者九，齐集
ruò gù bù kě yǐ dí qiáng　hǎi nèi zhī dì fāng qiān lǐ zhě jiǔ　qí jí

yǒu qí yī❶。 以一服八，何以异于邹敌楚哉？ 盖❷
yǐ yī fú bā hé yǐ yì yú zōu dí chǔ zāi hé

yì fǎn qí běn yǐ
亦反其本矣。

注 释

❶ 齐集有其一：是说集合齐国的土地，占到天下土地的九分之一。

❷ 盖：同"盍"，何不。

译 文

这样说来，小国本来就不可以抵挡大国，人数少的本来就不可以抵挡人数多的，势力弱的本来就不可以抵挡势力强的。现在天下拥有千里土地的国家一共有九个，齐国的土地集合起来也不过只占九分之一。拿九分之一的地方去征服九分之八的地方，这跟邹国去和楚国对敌又有什么分别呢？您为什么不回到根本上去求得问题的解决呢？

智慧小学堂

在这里，"寡不敌众"的意思是，当实力不允许正面抗争的时候，便要想办法侧面迂回去解决问题。不只在对抗中，在现实生活中也该如此，遇到毫无头绪的问题时，切记不能盲目去解决，应该三思而后行。

独乐不如众乐

曰："独乐乐[1]，与人乐乐，孰乐？"

曰："不若与人。"

曰："与少乐乐，与众乐乐，孰乐？"

曰："不若与众。"

注 释

❶ 独乐乐：前面的"乐"字读 yuè，是名词，音乐的意思。后面的"乐"字读 lè，是动词，爱好、欣赏的意思。

译 文

　　孟子道："一个人单独享受听音乐的快乐，和跟别人一道享受听音乐的快乐，哪一种更快乐些呢？"

　　齐宣王说："当然跟别人一道听音乐更快乐。"

　　孟子（继续问）道："跟少数人一道享受听音乐的快乐和跟多数人享受听音乐的快乐，哪一种更快乐些呢？"

　　齐宣王说："当然跟多数人一道听音乐更快乐。"

智慧小学堂

　　"乐"有很多层意思，这里只选取快乐的那一层意思进行叙述。快乐需要分享，当我们快乐的时候，只有自己闷头独乐，其实是一件很没有意思的事情，所以在日常生活中，当你快乐的时候，一定要记得分享给周围的人。

不可意气用事
bù kě yì qì yòng shì

孟子曰："志壹则动气，气壹则动志也，
mèng zǐ yuē   zhì yī zé dòng qì   qì yī zé dòng zhì yě
今夫蹶者趋者❶，是气也，而反动其心。"
jīn fú jué zhě qū zhě   shì qì yě   ér fǎn dòng qí xīn

注释

❶ 蹶者：失足摔倒的人。趋者：奔跑的人。

译文

孟子说："这是因为一个人的思想意志专注于某一个方面，他的意气感情也会受到影响从那个方面表现出来；相反，一个人的意气感情专注于某一个方面，他的思想意志也会受到影响被牵引到那个方面来。现在我们看看那些摔倒和奔跑的人，这只是体气在专注于他们的行动，然而也不能不影响到思想，造成心的浮动。"

智慧小学堂

　　当我们沉浸或者陷入某种想法，在处理其他事情的时候，很容易陷入狭隘之中去。这有点像是，当你对某人抱有偏见的时候，即便对方做得再好，在你眼里也得不到好的评价。

揠苗助长不可取

必有事焉，而勿正，心勿忘，勿助长也。无若宋人然：宋人有闵其苗之不长而揠之者[1]，芒芒然归，谓其人曰："今日病矣！予助苗长矣！"其子趋而往视之，苗则槁矣。天下之不助苗长者寡矣。以为无益而舍之者，不耘苗者也；助之长者，揠苗者也——非徒无益，而又害之。

注释

[1] 闵：忧虑。揠：拔高。

译文

（我们必须把义看成心内之物）一定要培养它，但不要有特定的

目的，每时每刻都不要忘记这件事，但也不要不按它成长的规律去帮助它成长。千万别像宋国人那样：宋国有个人担心他的禾苗长不快而把苗拔高，然后拖着疲惫不堪的身子回到家中，对家里的人说："今天可是累坏了！我帮助禾苗长高了呢！"他的儿子赶快跑去一看，禾苗都干枯了。其实世上不帮助禾苗生长的人很少。认为培养工作没有好处而抛弃它的，那就等于是不锄草的懒汉；而那些违背规律去帮助它生长的人，就是揠苗助长的人——不但没有好处，而且还害了它。

智慧小学堂

任何事物都有自己发展的规律，就像"修身、齐家、治国、平天下"一样，都是有顺序的，我们无法按照自己的意愿，去处理所有事情。世界上大多数事情，都不会随着我们的意志转移而转移。

出类拔萃
chū lèi bá cuì

麒麟之于走兽，凤凰之于飞鸟，太山之
于丘垤❶，河海之于行潦❷，类也。圣人之于

mín   yì lèi yě   chū yú qí lèi   bá hū qí cuì❸   zì shēng mín
民，亦类也。出于其类，拔乎其萃❸，自生民

yǐ lái   wèi yǒu shèng yú kǒng zǐ yě
以来，未有盛于孔子也。

注 释

❶ 垤：小土堆。❷ 行潦：路上的积水。❸ 萃：聚集。这里指聚在一起的人或事物。

译 文

麒麟对于走兽，凤凰对于飞鸟，太山对于小土堆，河和海对于路上的积水，是同类；圣人对于人民，也是同类。孔子大大地超过了他的同类，在一群人中冒着尖儿。自有人类社会以来，没有比孔子还要伟大的。

智慧小学堂

如孔子一般出类拔萃的人，我们在现实生活中极少遇到，但我们也不能因为一个人不是"出类拔萃"而否认他的价值，每个人都是一个精彩的世界，我们一定要做一个善于表扬和赞叹别人优点的人。

rén jiē yǒu cè yǐn zhī xīn
人皆有恻隐之心

mèng zǐ yuē　　　rén jiē yǒu bù rěn rén zhī xīn　　　wú cè yǐn
孟子曰："人皆有不忍人之心……无恻隐❶

zhī xīn　　fēi rén yě　　wú xiū wù zhī xīn　　fēi rén yě　　wú cí
之心，非人也；无羞恶之心，非人也；无辞

ràng zhī xīn　　fēi rén yě　　wú shì fēi zhī xīn　　fēi rén yě　　cè
让之心，非人也；无是非之心，非人也。恻

yǐn zhī xīn　rén zhī duān　yě　　xiū wù zhī xīn　　yì zhī duān
隐之心，仁之端❷也；羞恶之心，义之端

yě　cí ràng zhī xīn　　lǐ zhī duān yě　　shì fēi zhī xīn　zhì zhī
也；辞让之心，礼之端也；是非之心，智之

duān yě
端也。"

注 释

❶恻隐：伤痛不忍。❷端：开始。

译 文

　　孟子说："人们都有一颗见人遭遇不幸而有所不忍的心。没有同情之心，算不了人；没有羞耻的心，算不了人；没有推让之心，算不了人；没有是非之心，算不了人。同情之心，是仁的开端；羞耻之心，是义的开端；推让之心，是礼的开端；是非之心，是智的开端。"

智慧小学堂

　　人之为人最重要的一个特点，便是我们的恻隐之心，换一种说法就是共情心理，他人在经受的痛苦和苦难，即便我们未曾亲身经历，但我们却也能够感同身受，其实这一切都是因为恻隐之心。因此，我们一定要保护好我们的恻隐之心。

天时地利人和
tiān shí dì lì rén hé

tiān shí bù rú dì lì　　dì lì bù rú rén hé　　sān lǐ zhī
天时不如地利，地利不如人和。三里之

chéng　　qī lǐ zhī guō　　huán ér gōng zhī ér bú shèng　　fú huán ér
城，七里之郭❶，环而攻之而不胜。夫环而

gōng zhī　　bì yǒu dé tiān shí zhě yǐ　　rán ér bú shèng zhě　　shì tiān
攻之，必有得天时者矣；然而不胜者，是天

shí bù rú dì lì yě　　chéng fēi bù gāo yě　　chí fēi bù shēn yě
时不如地利也。城非不高也，池非不深也，

bīng gé fēi bù jiān lì yě　　mǐ sù fēi bù duō yě　　wěi　ér qù
兵 革 非 不 坚 利 也， 米 粟 非 不 多 也； 委❷ 而 去
zhī　　shì dì lì bù rú rén hé yě
之， 是 地 利 不 如 人 和 也。

注 释

❶三里之城，七里之郭：古代城市，里为城，外为郭，也就是内城和
外城。❷委：弃。

译 文

　　得天时不如得地利，得地利不如得人和。内城三里、外城七里
的城邑，包围攻打却无法取胜。包围而攻打，一定有合乎天时的战
机。可是却无法取胜，这说明得天时不如占地利呀。城墙并不是筑
得不高，护城河并不是挖得不深，兵器和盔甲并不是不锐利、不坚
固，粮食也并不是不多呀；可是，（当敌人一来进犯）守兵们竟弃城
而逃，这说明地利不及人和呀。

智慧小学堂

　　"天时地利人和"，是中国传统文化的重要内容，以"和
为贵"最为突出。我们的文化在处理人生的事情上，大都以
儒家的"中庸"为根本指导方针，然后达到"和为贵"的最
终目的。而且"和"还有不同层次上的意义。

29

天下有达尊三

tiān xià yǒu dá zūn sān

天下有达尊[1]三：爵一，齿一，德一。朝廷莫如爵，乡党莫如齿，辅世长民莫如德。

注释

[1] 达尊：普天下所尊敬的事。

译文

天下有三个被人们普遍尊敬的东西：一个是爵位，一个是年龄，一个是德行。在朝廷没有比得上爵位的，在乡里没有比得上年龄的，在辅佐君主统治百姓方面就没有比得上德行的。

智慧小学堂

　　在中国古代，对国家有巨大功劳的人，才会被授以爵位让其受到百姓的称颂，但这其中不包括那些尸位素餐的人。因此，我们在读史书的时候，书中记载的那些有爵位的人，通常都是对国家有巨大功劳的人，也代表着一种荣耀。

不召之臣

bú zhào zhī chén

故将大有为之君，必有所不召之臣；欲
有谋焉，则就之。其尊德乐道，不如是，不足

yǔ yǒu wéi yě　gù tāng zhī yú yī yǐn　xué yān ér hòu chén zhī　gù
与有为也。故汤之于伊尹，学焉而后臣之，故

bù láo ér wàng　huán gōng zhī yú guǎn zhòng　xué yān ér hòu chén zhī
不劳而王；桓公之于管仲，学焉而后臣之，

gù bù láo ér bà
故不劳而霸。

译文

所以将要大有作为的君主，一定有他不敢召唤的臣子，有什么事情要谋划，就亲自去他家里请教。他（国君）重视德行、乐于行仁政，如果不是这样，他便不会有所作为。因此商汤王对于伊尹，先向伊尹学习，然后用他为臣，因此，不大费力气就使天下归服；桓公对于管仲，也是先向他学习，然后用他为臣，因此，不大费力气而建立霸主的事业。

智慧小学堂

"不召之臣"的本质是在说，对于那些有才能和贤德的臣子，一定要给予足够的尊重。这与我们的实际生活是一样的，向优秀的人和长者请教，一定要谦虚，这样对方才能帮助我们。

无教近于禽兽

后稷教民稼穑，树艺五谷；五谷熟而民人育。人之有❶道也，饱食、暖衣、逸居而无教，则近于禽兽。

注 释

❶ 有：为。

译 文

后稷教导百姓耕种收割，栽培谷物；谷物成熟了，百姓也就得到了养育。人类的生活规律（往往是这样），吃得饱、穿得暖、住得舒适，要是没有教育，那就会接近于禽兽。

智慧小学堂

　　在生物学意义上，人是一种直立无毛动物。人生之初的时候，性情如同白纸一般，但有了教育便将我们与动物区分开来，《三字经》中也有"子不教，父之过"的说法。由此看来，教育对人的影响非常大。

惠、忠、仁
huì　zhōng　rén

分人以财谓之惠，教人以善谓之忠，为
天下得人者谓之仁。

（译）（文）

　　把财物分送给人叫作惠，把好的道理教给别人叫作忠，替天下
人找到出色的人才叫作仁。

智慧小学堂

　　给人带去物质上的享受是"惠"，教人向善的心理和思想是"忠"，作为伯乐提拔有用的人就是"仁"了。儒家文化对"仁"的解释是多层次的，孟子在这里解释的"仁"，也是一种极高的境界。

万物有别

孟子曰："夫物之不齐，物之情也；或相倍蓰❶，或相什百，或相千万。"

注 释

❶ 蓰：五倍。

译 文

孟子说："各种货物的品种质量不一致，这是客观情况。有的相差一倍到五倍，有的相差十倍到百倍，有的相差千倍到万倍。"

　　万物有各自的差别，不可能用一套标准，便限定所有的事物，质量、长短都是不一样的标准。对于人来说，差别更是巨大，教育、环境等因素，对人的影响都是非常巨大的。

得民心者得天下

桀纣之失天下也，失其民也；失其民者，失其心也。得天下有道：得其民，斯得天下矣；得其民有道：得其心，斯得民矣；得其心有

dào   suǒ yù yǔ ❶ zhī jù zhī   suǒ wù wù shī   ěr yě
道：所欲与❶之聚之，所恶勿施，尔也。

注释

❶ 与：为，替。

译文

桀、纣之所以会丧失天下，是由于失去了百姓的拥护；失去了老百姓拥护的，是由于失去了民心。得到天下有它的办法：得到百姓的拥护，就能得到天下。得到百姓拥护有它的办法：得到民心，便能得到百姓的拥护。得到民心有它的办法：他们所需要的替他们收聚起来，他们所憎恶的不强加给他们。

智慧小学堂

"得民心者得天下"，其实就是对"民为贵，社稷次之，君为轻"的具体解释。一个好的政府，肯定是在得到百姓认同的情况下，才能一直存在下去的，我们自古以来便有这种百姓最重要的思想。

自暴自弃

孟子曰："自暴者，不可与有言也；自弃者，不可与有为也。言非 ❶ 礼义，谓之自暴也；吾身不能居仁由义，谓之自弃也。仁，人

zhī   ān zhái yě   yì   rén zhī zhèng lù   yě   kuàng ān zhái ér   fú
之 安 宅 也； 义， 人 之 正 路 也。 旷 安 宅 而 弗

jū   shě zhèng lù   ér   bù   yóu   āi   zāi
居， 舍 正 路 而 不 由， 哀 哉！"

注 释

❶ 非：毁坏。

译 文

　　孟子说："一个自暴的人，不可能跟他谈有价值的话；一个自弃的人，不可能跟他有所作为。一个人说话诋毁礼义，叫作'自暴'；自认为不能怀仁行义，叫作'自弃'。仁是人们最舒坦的住所；义是人们最正确的道路。一个人放着最舒坦的住所不住，丢下最正确的道路不走，真是可悲呀！"

智慧小学堂

　　一个人若是"自暴自弃"，是非常可惜的，明明前方有着康庄大道他却不去走，非要走一些让人无法直视的道路，这与走入歧途的人还不一样，自暴自弃的人知道什么是正确的，而走入歧途的人往往是因不成熟而受骗才误入歧途。

平治天下

píng zhì tiān xià

孟子曰："道在迩而求诸远，事在易而求诸难。人人亲其亲、长其长，而天下平。"

译文

孟子说："平治天下的道理就在眼前，却要向远处去寻找；平治天下的事本是轻而易举的，却要向难处去寻找。如果人人都爱各自的父母，尊敬各自的长辈，天下自然就能够太平了。"

智慧小学堂

　　"平治天下"，其实说的就是我们要想实现自己的梦想，肯定要从最小的事情做起，说到底就是"修身、齐家、治国、平天下"。平天下看似非常难，只要照顾好自己的家庭，便为平天下做出了自己的贡献。

人皆有善心

孟子曰："水信无分于东西，无分于上下乎？人性之善也，犹水之就下也。人无有不善，水无有不下。今夫水，搏而跃之，可使过颡；激而行之，可使在山。是岂水之性哉？其势则然也。人之可使为不善，其性亦犹是也。"

译文

孟子说："水本不分东西流向，但是水也不分上下一定的流向么？人性的向善，便和水的爱向低处流相仿佛。人（的本性）是没有不善良的，水（的本性）是没有不向下流的。那水，你一拍打它使它跳跃起来，当然，一时也可以使它高出你的额头，你设法阻挡它，一时也可以使它飞流上山。这难道是水的本性么？这是形势逼着它如此。人可以使之干坏事，他的本性的变更也和（用外力）改变水的本性一样。"

智慧小学堂

　　我们所有人都有善心，其实与之前所说的"恻隐之心"没有本质上的区别，人的善心就像水一样，这样的特质是天生就有的，不是后天教育培养出来的。但是，不好的环境也会使人干坏事，所以我们要时时警惕，保持善的本性。

鱼和熊掌不可兼得

鱼，我所欲也，熊掌亦我所欲也；二者不可得兼，舍鱼而取熊掌者也。生亦我所欲

也，义亦我所欲也；二者不可得兼，舍生而
取义者也。生亦我所欲，所欲有甚于生者，
故不为苟得也；死亦我所恶，所恶有甚于死
者，故患有所不辟也。

译文

鱼，是我所喜爱的，熊掌，也是我所喜爱的，如果两者不能都得到，我就舍弃鱼而要熊掌。生命是我所珍爱的，义也是我所珍爱的；如果两者不能都得到，我就放弃生命而要义。生命也是我所珍爱的，但我所珍爱的东西中有超过了生命的，所以就不干苟且偷生的事；死亡也是我所讨厌的，但我所讨厌的东西中有超过了死亡的，所以有的祸灾就不躲避。

智慧小学堂

鱼与熊掌不可兼得，是《孟子》一书有名的典故，说的意思是，当我们同时面对生与义的考验之时，我们需舍生取义。

要去做

徐行后长者谓之弟，疾行先长者谓之不弟。夫徐行者，岂人所不能哉？所不为也。尧舜之道，孝弟而已矣。子服尧之服，诵尧之言，行尧之行，是尧而已矣。子服桀之服，诵桀之言，行桀之行，是桀而已矣。

译文

慢慢地跟在长者的后边走，叫作悌；快快抢在长者的前面走，叫作不悌。慢点儿走，难道是人不能做到的吗？只是不去做罢了。尧舜之道，也只是孝悌而已。你穿尧穿的衣服，说尧说的话，做尧做的事，就成为尧了。你穿桀穿的衣服，说桀说的话，做桀做的事，就成为桀了。

智慧小学堂

　　学习前人，绝不是只学外表，孔子和孟子推崇先王之道，学习先王之道绝不仅是学习先王的礼仪，最重要的是学习先王的精神风貌。我们学习文化知识，绝不是为了知道一些东西，而是变得有智慧，知道学习的重要性，这样才能够将学习视为一生的事情。

天降大任

故天将降大任于是人也，必先苦其心志，劳其筋骨，饿其体肤，空乏其身，行拂乱其所为，所以动心忍性，曾[1]益其所不能。

注释

[1] 曾：同"增"。

译文

所以上天要把治国治民的重任加在这人肩上，一定先要（给他降临种种困难）使他心烦意乱，筋骨疲乏，肚肠饥饿，身无分文，干扰他做的事，从而令他从中得到锻炼，性格变得坚韧，由此而增加他的能力。

孟子

智慧小学堂

　　任何人的成功都需要经过一段痛苦的磨砺，没有人能够顺顺利利成功的，成功是汗水与坚持的结果，所以在未成功之前，一定要坚守本心，不能因为暂时未获得成功便轻易放弃自己的志向。

生于忧患

shēng yú yōu huàn

rén héng guò　　rán hòu néng gǎi　　kùn yú xīn　　héng yú lǜ
人恒过，然后能改；困于心，衡于虑❶，

ér hòu zuò　　zhēng yú sè　　fā yú shēng　　ér hòu yù
而后作；征于色，发于声，而后喻。

rù zé wú fǎ jiā bì ❷ shì   chū zé wú dí guó wài huàn zhě

入则无法家拂❷士，出则无敌国外患者，

guó héng wáng   rán hòu zhī shēng yú yōu huàn ér sǐ yú ān lè yě

国恒亡。然后知生于忧患而死于安乐也。

注 释

❶衡于虑：思虑堵塞。衡，同"横"，堵塞，指不顺。❷拂：同"弼"，辅弼。

译 文

一个人，经过了多次错误和失败的教训，然后才能改过自新；经过了艰苦的思想斗争，然后才能有所作为；表现在脸色上，流露在言谈中，然后才能得到人们的了解。

一个国家，要是国内没有通晓法度的大臣和足以辅弼国君的士子，国外又缺乏对敌国侵扰的远虑，这样的国家就常常是要灭亡的。从这里，我们可以懂得人为什么在忧患中能够生存，而在安乐中却反会遭到毁灭的道理了。

智慧小学堂

"生于忧患，死于安乐"，这是很多人经常说的一句话，其实本质是说我们要有一种忧患意识，因为做任何事情都不可能永远顺风顺水，有忧患意识能够让你在做事情的时候，心态更加稳定和谨慎。

修身养性
xiū shēn yǎng xìng

孟子曰：“尽其心者，知其性也。知其性，
则知天矣。存其心，养其性，所以事天也。天
寿不贰，修身以俟之，所以立命也。”

译文

孟子说：“能够竭尽他的善心的，便是真正了解了人的本善的天性。懂得了人的本善的天性，就是懂得了天命。（一个人）保存他的善心，培养他本善的天性，目的就在于正确对待天命。无论短命或是长寿，都毫不怀疑动摇，只是修身养性以等待天命，这便是安身立命的方法。”

智慧小学堂

　　修身养性，可以看成是修养自我的内心，孟子在这里更多是从培养我们内心的善念出发，孟子相信人的本性是善良的，他认为人的善念需要培育，不然会慢慢损毁。

顺理而行

孟子曰："莫非命也，顺受其正；是故知命者不立乎严墙❶之下。尽其道而死者，正命也；桎梏死者，非正命也。"

注释

❶ 严墙：将要倒塌的墙。

译文

孟子说："无一不是命运，但顺理而行，所接受的便是正命；所以懂得天命的人不会站到就要倒塌的墙壁下面。一切完全按照正道行事而死的人，他所接受的是正常的天命，那些因为犯罪坐牢而死的人，他们所接受的就不是正常的天命。"

智慧小学堂

　　"顺理而行"，在这里孟子的意思是要遵行正道。人生的道路有百千万种，只要我们行走在正道之中，那么无论发生何种事情，都是顺应天命的，而不是违背天理的。

求之有道

孟子曰："求则得之，舍则失之，是求有益于得也，求在我者也。求之有道，得之有命，是求无益于得也，求在外者也。"

译文

孟子说："（有的东西）追求它就能得到，放弃它就会失掉，这种追求对获得（这个东西）有益处的，因为所追求的东西就存在于我本身之内，（能否获得它，就看我自己而已）（有的东西）追求它要有一定的原则，得到它与否得看命运的安排，这种追求对获得（这个东西）是毫无益处的，因为所追求的东西存在于我的身外（能不能得到它就由不得自己了）。"

不义富贵 → 可求
富贵 → 命运

智慧小学堂

　　"求之有道"这段话，用一句大家都知道的话来说明更容易理解——"富贵于我如浮云"。人的追求有百千万种，但大致可以分为物质的和精神的两种追求，在孟子看来，内心的"仁义"是可追求的，而物质财富的得与不得全看命运。

推己及人

孟子曰:"万物皆备于我矣。反身而诚,乐莫大焉。强恕而行,求仁莫近焉。"

译文

孟子说:"世间的一切,我都具备了。如果我反躬自问,发现自己是诚实的,就没有什么比这更使我快乐的了。凡事努力推行推己及人的恕道,达到仁德的道路就没有比这更近的了。"

智慧小学堂

推己及人，这个为人处世的方法值得我们所有人用一生去践行。想求别人做一件事时，首先要想自己是不是愿意去做，不是的话就不要为难别人。

知其所以然

mèng zǐ yuē　　xíng zhī ér bú zhù yān　　xí yǐ ér bù chá yān

孟子曰："行之而不著焉，习矣而不察焉，

zhōng shēn yóu zhī ér bù zhī qí dào zhě　　zhòng yě

终身由之而不知其道者，众也。"

译 文

孟子说："如果这样做却不明白为什么要这样做，天天习以为常，却不问个所以然，终生终世在这条道路上走，却不考究一下这是条什么道路，是一般的人。"

　　我们每天都生活在固定的环境和场景中，做的工作也大都是一开始便选定的工作，但却很少去探究生活以及工作的意义，这些事情也许没有那么重要，但是探究背后的意义却有助于我们追求更美好的生活。

不做己所不为

孟子曰："无为其所不为，无欲其所不欲，如此而已矣。"

译文

孟子说："不干那些自己不愿干的事，不要那些自己不该要的东西，这样就足够了。"

智慧小学堂

　　我们做任何事情，对于自己内心不愿意做的事情，无论外界有多少诱惑压力，我们都应该想办法去拒绝那些不是自己该得的财物和东西，这样便能够过上一种问心无愧的生活。

仁者爱人

孟子曰:"不仁哉梁惠王也!仁者以其所爱及其所不爱,不仁者以其所不爱及其所爱。"

译文

孟子说:"梁惠王确定太不仁爱了啊!一个仁爱的人会把他对待所喜爱者的恩德推而及于他所不爱的人,不仁爱的人却把他加给所不喜爱者的祸害推而及于他所喜爱的人。

　　孟子在这里说仁者爱人，其实就是说，有着仁德内心的人肯定会爱护自己的同类，富有恻隐之心，能够感受他人痛苦，这个道理非常容易理解。而且，这有点像是"物以类聚，人以群分"，具有同样品质的人会被吸引到一起。

尽信书不如无书

孟子曰："尽信《书》❶，则不如无《书》。吾于《武成》，取二三策❷而已矣。仁人无

dí yú tiān xià　　yǐ zhì rén fá zhì bù rén　　ér hé qí xuè zhī liú
敌于天下，以至仁伐至不仁，而何其血之流

chǔ yě
杵❸也？"

注 释

❶《书》：指《尚书》。❷策：古人写字用的竹片或者木片。❸杵：舂米的木棒。

译 文

孟子说："完全相信《尚书》，还不如没有《尚书》。我对于《尚书》中《武成》这篇文章，只不过采用其中两三段文字罢了。一个仁德的人在天下是没有敌人的，以周武王这样仁爱的贤君，去讨伐商纣那样最不仁爱的暴君，（百姓是极其欢迎的），所以又怎么会发生血流成河，连舂米的木棒都给漂走的事呢？"

智慧小学堂

　　很多人读书之后，便会相信书上写的东西都是对的，这样的想法是万万不能有的。书上的知识，我们可以拿来作为参考，但绝不能作为指导真实生活的唯一经验。只有把书本上的知识和生活实际结合起来，才是最好的。

民为贵，社稷次之

孟子曰："民为贵，社稷次之，君为轻。是故得乎丘民❶而为天子，得乎天子为诸侯，得乎诸侯为大夫。"

注释

❶ 丘民：丘，众，丘民即民众。此处指民心。

译文

孟子说："百姓，是最重要的，社稷其次，君主又更轻一点。所以赢得民心便可以做天子，赢得天子的心便可以做诸侯，赢得诸侯的心便可以做大夫。"

天子

诸侯

大夫

智慧小学堂

　　"民为贵，社稷次之，君为轻"，这句话在中国几千年的历史长河中，也是极为有力量的思想，在我们的文化中，百姓永远是最重要的。纵观历代兴亡史，得民心者兴，失民心者亡，历史的教训是鲜明而深刻的。

圣人为百世之师

shèng rén wéi bǎi shì zhī shī

孟子曰："圣人，百世之师也，伯夷、柳下惠是也。故闻伯夷之风者，顽夫廉，懦夫有立志；闻柳下惠之风者，薄夫敦，鄙夫宽。奋

乎百世之上，百世之下，闻者莫不兴起也。非圣人而能若是乎？——而况于亲炙之者乎？"

译 文

　　孟子说："圣人是百代人的老师，伯夷和柳下惠便正是这样的人。所以在那些听到伯夷的风格和操守的人当中，即使是贪婪的人也变得廉洁了，懦弱的人也变得意志坚强了；在那些听到柳下惠的风格和操守的人当中，即使是刻薄成性的人也变得厚道了，胸襟狭隘的人也变得宽宏大度了。他们在百代之前奋发有为，百代之后，听到他们事迹的人没有不为之感奋振作的。不是圣人能够像这样吗？——更何况对于那些同时代亲受他们熏陶的人呢？"

智慧小学堂

　　孔子被誉为至圣先师，最重要的是"有教无类"的教育理念，这与"王侯将相宁有种乎"本质上没有区别，我们所有人无分高低贵贱，都有受教育的权利，而在孔子那个时代，他却把贵族所把持的知识教给了所有人，这便极为伟大了。因为在孔子等思想家的认识里，知识是没有等级的，人也无分贵贱。

贤者昭昭

xián zhě zhāo zhāo

mèng zǐ yuē　　xián zhě yǐ　qí zhāo zhāo shǐ rén zhāo zhāo　　jīn
孟子曰："贤者以其昭昭使人昭昭，今

yǐ　qí hūn hūn shǐ rén zhāo zhāo
以其昏昏使人昭昭。"

译文

孟子说："贤明的人教人，凭着自己的透彻明了，帮助别人也透彻明了；现在那些教人的人，就凭自己糊里糊涂的头脑，却要使别人透彻明了。"

智慧小学堂

　　为人师者，首先要严于律己，要是连自己的道德修养以及专业水平都很差的话，又该如何去教学生呢？有贤德的人，善于利用自己的贤德让他人学习，而对于那些无贤德人，我们一定要远离。

茅塞于心
máo sè yú xīn

孟子谓高子曰："山径之蹊❶，间介然用
mèng zǐ wèi gāo zǐ yuē　　shān jìng zhī xī　　jiān jiè rán yòng

之❷而成路；为间不用，则茅塞之矣。今茅
zhī　ér chéng lù　wéi jiān bú yòng　zé máo sè zhī yǐ　jīn máo

塞子之心矣。"
sè zǐ zhī xīn yǐ

注 释

❶山径之蹊：山径，山坡。蹊，鸟兽走的小路。❷介然用之：介然，
有执着、坚持的意思。用，行。

译 文

　　孟子对高子说："山坡上那些野兽走过的地方，如果人们持续地
在上面走着因而便成了路，只要隔一段时间不去走，茅草就会将它
堵塞。现在你的心也给茅草堵塞了。"

孟子

智慧小学堂

　　山野里面本来是没有道路的，人们跟着野兽走过的地方，时间久了便有了路，有了路便要经常走，如果不走，荒草便会再次埋没这条道路。这道理延伸到我们学习上也是一样，学会的东西要时常用，要是不经常用，便会生疏。

图书在版编目（CIP）数据

藏在四书五经里的那些智慧：思维导图彩绘版．孟子 / 新新世纪编．-- 五家渠：新疆生产建设兵团出版社，2022.3

ISBN 978-7-5574-1781-9

Ⅰ.①藏… Ⅱ.①新… Ⅲ.①儒家 ②四书—儿童读物 ③五经—儿童读物 ④《孟子》—儿童读物 Ⅳ.① B222.1-49 ② Z126.1-49

中国版本图书馆 CIP 数据核字（2022）第 032763 号

责任编辑：吴秋明

藏在四书五经里的那些智慧：思维导图彩绘版．孟子

出版发行	新疆生产建设兵团出版社	
地　　址	新疆五家渠市迎宾路 619 号	
邮　　编	831300	
电　　话	0994-5677185	
发　　行	0994-5677116	
传　　真	0994-5677519	
印　　刷	三河市双升印务有限公司	
开　　本	710 毫米 ×1000 毫米　1/16	
印　　张	40	
字　　数	40 千字	
版　　次	2022 年 3 月第 1 版	
印　　次	2022 年 4 月第 1 次印刷	
书　　号	ISBN 978-7-5574-1781-9	
定　　价	188.00 元	

新新世纪 ◎ 编

藏在 四书五经 里的

那些智慧

论语

新疆生产建设兵团出版社

　　"四书五经"是儒家经典著作"四书"和"五经"的合称，"四书"指《大学》《中庸》《论语》《孟子》，"五经"指《诗经》《尚书》《礼记》《易经》《春秋》。它们是儒家文化的核心载体，是中华民族最为宝贵的精神财富。在我国古代，上至帝王将相，下至黎民百姓，都会以"四书五经"为根本依据去修身、齐家、治国、立德。作为现代人要想真正承继以及了解中国传统文化经典，就必须从阅读"四书五经"开始。

　　"四书五经"内容博大精深，有着深厚的文化内蕴，阅读时必须逐句逐段仔细琢磨品味。这套书将逐一介绍"四书"和"五经"，以便使读者对"四书"和"五经"的大致内容有个基本的把握。

《论语》是春秋时期思想家、教育家孔子的弟子及再传弟子记录孔子及其弟子言行的文集，成书于战国前期。全书共20篇492章，以语录体为主，叙事体为辅，较为集中地展现了孔子及儒家学派的政治主张、伦理思想、道德观念及教育原则等。

　　作品多为语录，但辞约义丰，有些语句、篇章形象生动，其主要特点是语言简练，浅近易懂，而用意深远，有一种雍容和顺、纡徐含蓄的风格，能在简单的对话和行动中展示人物形象。

　　本书精选适合当下孩子阅读的篇目，以精练生动的文字、科学简明的体例、丰富精美的图片，对儒家经典《论语》进行了更加真实、直观、全面的解读，并将其呈现给读者，使得读者能够快速了解《论语》中所蕴含的深厚哲理。

目录

《论语》的基本信息

作者
孔门弟子

《论语》真实记录了孔子与其弟子的言行。孔子逝世以后，由弟子们追忆编纂成书

成书
春秋末至战国初

《论语》编订于战国初期。今天流传的《论语》版本，是东汉末年学者郑玄修订而成

内容
孔门言行录

最早的语录体书籍

现存《论语》共20篇，492章，内容以伦理教育为主

孔子（公元前 551 年—公元前 479 年），名丘，字仲尼，春秋时鲁国陬邑（今山东曲阜东南）人。

孔子生平

青年时博学多艺，开始授徒

少年贫贱，勤奋好学

周游列国，历经坎坷

中年时入朝为官，鲁国因此大治

回到鲁国，整理书稿，聚徒授业

圣人离世，光照千古

xué ér piān dì yī
学而篇第一

zǐ yuē　　xué ér shí xí zhī　　bú
子曰："学而时习之，不

yì yuè hū　　yǒu péng zì yuǎn fāng lái
亦说乎？有朋自远方来，

bú yì lè　hū　　rén bù zhī　　ér bú
不亦乐❶乎？人不知，而不

yùn　　　　bú yì jūn zǐ hū
愠❷，不亦君子乎？"

注释

❶ 乐：快乐。
❷ 愠：怒，怨恨，不满。

译文

　　孔子说："学到的东西按时去温习和练习，不也很高兴吗？有朋友从很远的地方来，不也很快乐吗？别人不了解自己，自己却不生气，不也是一位有修养的君子吗？"

智慧小学堂

　　"学而时习之"是孔子总结出来的高效学习方法，这个方法无论在什么时代都是最好的学习方法。对于学习过的知识，只有在不断的复习中才能巩固学习的成果。

曾子❶曰："吾日三省❷吾身：为人谋而不忠乎？与朋友交而不信乎？传❸不习乎？"

注释

❶ 曾子：孔子的学生。

❷ 三省：多次反省。

❸ 传：老师讲授的功课。

译文

曾参说："我每天从多方面反省自己：帮别人办事是不是尽心竭力了呢？与朋友交往是不是诚实守信了呢？对老师传授的功课，是不是用心复习了呢？"

智慧小学堂

　　如果我们仔细观察那些有巨大成就的人，会发现这些人都有一个相同的优秀品质——反思。这些有卓越成就的人，都是善于反思的人，凡是发生在自己身上的事情，他们都会进行反思，在反思中汲取经验和教训，就是在不断的反思中，他们才取得这巨大成就的。

子曰：“弟子，入则孝，出[1]则悌，谨[2]而信，泛爱众，而亲仁。行有余力，则以学文。”

注释

[1] 出：与"入"相对而言，指外出拜师学习。

[2] 谨：寡言少语称之为谨。

译文

孔子说："小孩子在父母跟前要孝顺，离开自己的房子，便敬爱兄长，说话要谨慎，言而有信，和所有人都友爱相处，亲近那些具有仁爱之心的人。做到这些以后，如果还有剩余的精力，就用来学习文化知识。"

智慧小学堂

在这里，孔子想要传达的主要思想是，先将有关自己的一切事情做好，有余力再去学习。这里有关自己的事情包括孝顺父母，友爱朋友等，其本质是修养自己的品德。如果这些做好了，有余力便可以去学习。

为政篇第二

zǐ yuē　　　　wú shí yòu　　wǔ ér zhì yú xué　　sān shí ér

子曰："吾十有❶五而志于学，三十而

lì　　　sì shí ér bú huò　　wǔ shí ér zhī tiān mìng　　liù shí ér ěr

立❷，四十而不惑，五十而知天命，六十而耳

shùn　　　qī shí ér cóng xīn suǒ yù　　bù yú jǔ

顺❸，七十而从心所欲，不逾矩。"

注 释

❶有：同"又"。古文中表数字时常用"有"代替"又"，表示相加的关系。

❷立：站立，成立。这里指立身处世。

❸耳顺：对于外界一切相反相异、五花八门的言论，能分辨真伪是非，并听之泰然。

译 文

孔子说："我十五岁立志学习，三十岁在人生道路上站稳脚跟，四十岁心中不再迷惘，五十岁知道上天给我安排的命运，六十岁听

到别人说话就能分辨是非真假，七十岁能随心所欲地说话做事，又不会超越规矩。"

今天我们很多人称呼三十岁的人为而立之年；四十岁的人，为不惑之年，等等，都是从孔子这句话引申出来的，后世之人佩服孔子的道德品行，便以孔子人生经验作为人生参考，而孔子在这里更多是从一个人的精神修养出发进行阐述的。

　　zǐ yuē　　wēn gù ér zhī xīn　　kě yǐ wéi shī yǐ
　子曰："温故而知新，可以为师矣。"

译文

　　孔子说："在温习旧的知识时，能有新的收获，就可以当老师了。"

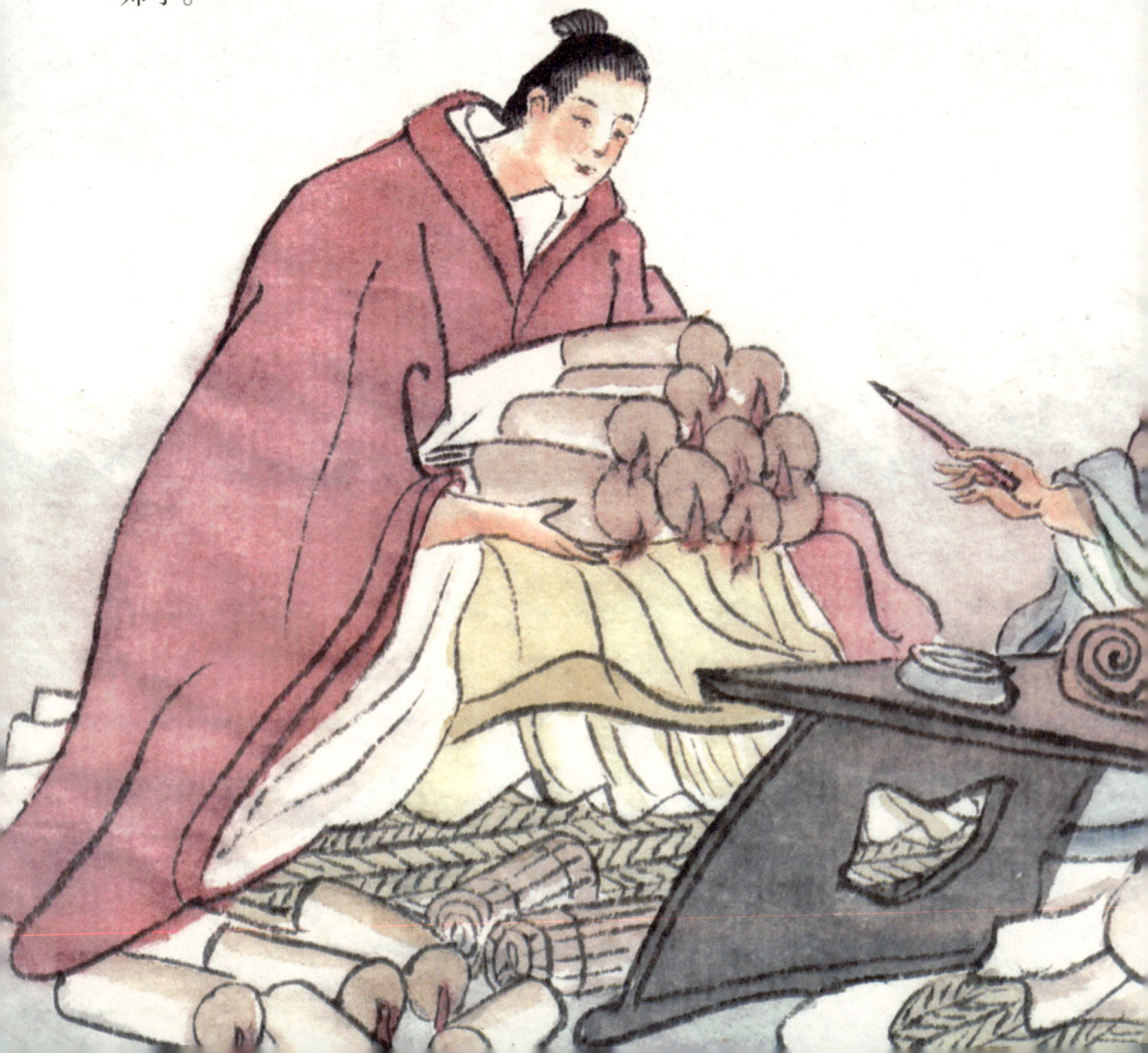

智慧小学堂

孔子一生都在不断教育学生，而在这长久的教育过程中，孔子总结出了非常多的教育经验，"温故而知新"这个学习经验，直到今天依然是我们所有人都应该掌握的学习方法。随着阅历的增长，我们对学习过的很多文化知识肯定会有新的认识，这一点非常值得我们去重视。

子曰："学而不思则罔①，思而不学则殆②。"

注释

① 罔：迷惘，没有收获。

② 殆：疑惑。

译文

孔子说："学习而不思考就会迷惘无所得；思考而不学习就会疑惑不解。"

智慧小学堂

　　学习不是一个照本宣科的过程，也绝不是知道了这个知识就可以称作学习，学习更多是一种不断思考的过程，在这个过程中，我们才能培育出成熟的对世界的认识。如果只是学习而不知道思考，人就会变得越来越迷惘。

子曰："由①！诲女知②之乎！知之为知之，不知为不知，是知③也。"

注释

① 由：孔子的学生，姓仲，名由，字子路。
② 知：作动词用，知道。
③ 知：同"智"，智慧。

译文

孔子说："由！教给你对待知和不知的正确态度吧！知道就是知道，不知道就是不知道，这才是真正的智慧！"

智慧小学堂

　　"知之为知之，不知为不知"，孔子教授给学生的这个学习态度，即便到了今天，依然值得我们学习。打个很简单的比方，我们不能说看过电视剧《西游记》，就说我们看过《西游记》这本书，在这里我们可以把这句话理解为诚实地对待学习。

子曰："人而无信❶，不知其可也。大车无
輗❷，小车无軏❸，其何以行之哉？"

注释

❶ 而：如果。信：信誉。
❷ 大车：指牛车。輗：古代大车辕端用来连接、固定横木或车轭的部件。
❸ 小车：指马车。軏：古代车辕与横木相连接的关键。

译文

孔子说："一个人如果不讲信誉，真不知他怎么办。就像大车的横木两头没有活键，小车的横木两头少了关扣一样，怎么能行驶呢？"

智慧小学堂

一个人要是没有信用，几乎会被所有人抛弃，这是一件非常严重的事情。我们所有人都是生活在社会中的，如果我们不去好好维护自己的信用，让信用受到损害，所产生的严重后果，有可能需要我们付出更多努力才能够修复。

八佾篇第三

bā yì piān dì sān

子曰："人而不仁，如礼何❶？人而不仁，如乐何？"

注释

❶ 如礼何：怎样对待礼仪制度。

译文

孔子说："做人如果没有仁德，怎么对待礼仪制度呢？做人如果没有仁德，怎么对待音乐呢？"

智慧小学堂

仁义道德，在孔子的思想中是一种发自内心的高尚品格，若是一个人没有仁义道德是无法做到恪守礼仪的，而且仁义道德观念差的人，对于高尚的音乐也是讨厌的。

子夏问曰："'巧笑倩❶兮，美目盼❷兮，素以为绚❸兮。'何谓也？"子曰："绘事后素。"

曰："礼后乎？"子曰："起❹予者商也！始可与言《诗》已矣。"

注 释

❶ 倩：笑容美好。
❷ 盼：眼睛黑白分明。
❸ 绚：有文采。
❹ 起：启发。

译 文

　　子夏问道："'轻盈的笑脸多美呀，黑白分明的眼睛多媚呀，好像在洁白的质地上画着美丽的图案呀。'这几句诗是什么意思呢？"孔子说："先有白色底子，然后在上面画画。"

　　子夏说："这么说，礼仪是在有了仁德之心之后才产生的了？"孔子说："能够发挥我的思想的是卜商（子夏）啊！可以开始和你谈论《诗经》了。"

智慧小学堂

　　孔子与学生子夏对谈，从《诗经·卫风·硕人》开始谈起，进而子夏发挥老师孔子的思考，总结出当一个人有仁德的时候，他必然便会去恪守礼仪，本意是先有仁德才会恪守礼仪，二者顺序不能错。

lǐ rén piān dì sì

里仁篇第四

zǐ yuē lǐ rén wéi měi zé bù chǔ rén yān dé zhì

子曰："里❶仁为美。择不处仁，焉得知？"

注 释

❶里：作动词，居住。

译 文

孔子说："居住在有仁德的地方才好。选择住处，不居住在有仁德的地方，怎能说是明智呢？"

智慧小学堂

　　本篇所表达的思想，我们可以从环境对一个人的影响出发进行理解，"近朱者赤，近墨者黑。"其实与本篇所表达的中心思想是一样的，都是在讲周围环境对我们个人的影响。所以我们在结交朋友的时候，一定要注意这方面。

zǐ yuē　　gǒu　zhì yú rén yǐ　　wú è　yě

子曰："苟❶志于仁矣，无恶❷也。"

注释

❶ 苟：如果。

❷ 恶：坏事。

（译）（文）

孔子说："如果立志追求仁德，就不会去做坏事。"

智慧小学堂

有仁德的人绝不会去做恶事。在思想家们看来，道德仁义更像是我们对自我的约束，通过这些内心的道德律条，让我们可以很好地在这个社会生活下去。

子曰：“君子怀德，小人怀土；君子怀刑，小人怀惠。”

译文

孔子说："君子心怀的是仁德；小人则怀恋乡土。君子关心的是刑罚和法度，小人则关心私利。"

智慧小学堂

君子会将自我的道德修养视为人生首要的事情，而小人却不会去追求道德上的高洁，他们会以私利为人生最重要的目标，很少会考虑道德这方面的事情。

子曰："不患无位，患所
以立。不患莫己知，求为可
知也。"

译文

孔子说："不愁没有职位，只愁没有足
以胜任职务的本领。不愁没人知道自己，
应该追求能使别人知道自己的本领。"

智慧小学堂

不要为自己没有获得显赫的名
声和地位而发愁，我们应该为自己
没有本事而发愁，说到本质其实
就是，我们应该关心的是自己有
没有学到本领，要是自己的修养
以及本领足够，名声、地位都会
紧随而来。

子曰："事父母几^❶谏，见志不从，又敬
不违，劳^❷而不怨。"

注释

❶ 几：轻微，婉转。

❷ 劳：劳心；担忧。

译 文

孔子说:"侍奉父母,对他们的缺点应该委婉地劝止,如果自己的意见没有被采纳,仍然要对他们恭敬,不加违抗。只在心里忧愁而不怨恨。"

智慧小学堂

在中国传统文化中,"孝"是评判一个人最基础的标准,随着思想的僵化,很多本意非常好的思想却在执行过程中变了质。在本篇目中,孔子便讲述了父母犯错时,作为孩子的我们应该如何去做,这样的做法非常有利于维护家庭和谐。

gōng yě cháng piān dì wǔ
公冶长篇第五

zǐ gòng wèn yuē   kǒng wén zǐ   hé yǐ wèi zhī   wén
子贡问曰："孔文子❶何以谓之'文'

yě   zǐ yuē   mǐn ér hào xué   bù chǐ xià wèn   shì yǐ wèi
也？"子曰："敏而好学，不耻下问，是以谓

zhī   wén   yě
之'文'也。"

注 释

❶孔文子：卫国大夫，姓孔，名圉(yǔ)，"文"是谥号。

译 文

    子贡问道："孔文子为什么谥他'文'的称号呢？"孔子说："他聪明勤勉，喜爱学习，不以向比自己地位低下的人请教为耻，所以给他'文'的称号。"

智慧小学堂

　　"敏而好学，不耻下问"的人，完全有资格称为有知识、有智慧的人，知识以及智慧绝不是单一维度上的考量，其最重要的便是"学习"，学习是一件终身的事情，不是说你离开了学校就可以不学习了，这样的想法完全是错误的。

季文子❶三思而后行。子闻之，曰："再，斯可矣。"

注 释

①季文子：鲁国的大夫，姓季孙，名行父，"文"是谥号。

译 文

季文子办事，要反复考虑多次后才行动。孔子听到后，说："考虑两次就可以了。"

智慧小学堂

"三思而行"，在字面意义上是教导我们在做事情之前，一定要多考虑，但却绝不是一个具体的指导数字，我们不能够说做任何事情之前都要考虑再三，如果这样便会"多思无益"。

雍也篇第六
yōng yě piān dì liù

子曰："质胜文则野，文胜质则史。文质彬彬❶，然后君子。"

注 释

❶ 文质彬彬：此处形容人既文雅又朴实，后来多用来指人文雅有礼貌。

译 文

孔子说："质朴多于文采就难免显得粗野，文采超过了质朴又难免流于虚浮，文采和质朴完美地结合在一起，这才能成为君子。"

智慧小学堂

　　在这里，孔子所表达的思想，是对君子的一种规定。普通人通过学习文化知识而使自己看上去非常有礼仪，但内心是如何我们却无法知道。道德礼仪最重要的是内心的诚挚，若是徒有其表算不得君子，只有内心与外在高度统一才能够成为君子。

zǐ yuē　　 zhì zhě yào　 shuǐ　　 rén zhě yào shān　　 zhì zhě dòng

子曰："知者乐❶水，仁者乐山。知者动，

rén zhě jìng　　 zhì zhě lè　　 rén zhě shòu

仁者静。知者乐，仁者寿。"

注 释

❶乐：喜爱。

译 文

　　孔子说："聪明的人喜爱水，仁德的人喜爱山。聪明的人爱好活动，仁德的人爱好沉静。聪明的人活得快乐，仁德的人长寿。"

智慧小学堂

聪明的人喜欢水，有仁德的人喜欢山。在传统文化中，思想家们认为我们是与万物并育而生的，自然界的所有事物也都是有自己特质的，若是一个人本性喜好追求某种自然特质，说明这个人便是有着某种自然特质的，"知者乐水，仁者乐山"便是这种思想的直接体现。

子曰："知之者不如好之者，好之者不如乐之者。"

（译）（文）

孔子说："（对于任何学问、知识、技艺等）知道它的人，不如爱好它的人；爱好它的人，又不如以它为乐的人。"

智慧小学堂

知道某些知识的人，不如爱好知识的人，而爱好知识的人又不如以知识为乐趣的人。学习文化知识，看似都是在学习，但究其本质还是有差别的，以学习知识为人生乐趣才是学习的最高境界。

fán chí wèn zhì zǐ yuē wù mín zhī yì jìng guǐ shén ér
樊迟[1]问知。子曰："务民之义，敬鬼神而

yuǎn zhī kě wèi zhì yǐ wèn rén yuē rén zhě xiān nán ér
远[2]之，可谓知矣。"问仁。曰："仁者先难而

hòu huò kě wèi rén yǐ
后获，可谓仁矣。"

注释

[1] 樊迟：孔子的学生，姓樊，名须，字子迟。

[2] 远：疏远，避开。

译文

樊迟问怎么样才算聪明，孔子说："努力从事人民认为合理的工作，尊敬鬼神，但要疏远它们，这样可以称得上是聪明了。"樊迟又问怎么样才叫作有仁德，孔子说："有仁德的人先付出艰苦的努力，然后得到收获，这样可以说是有仁德了。"

智慧小学堂

孔子的这句话对中国文化影响是非常巨大的。我们遍观其他文明古国的历史，会发现它们都有一条明确的"宗教信仰"主线，中国文化在严格意义上是缺乏这条"宗教主线"的，因为我们的文化从来对"鬼神"是敬而远之的，更多的是关心自身的事情。

述而篇第七
shù ér piān dì qī

子曰："默而识①之，学而不厌，诲人不倦，
zǐ yuē   mò ér zhì zhī   xué ér bú yàn   huì rén bú juàn
何有于我哉？"
hé yǒu yú wǒ zāi

注 释

① 识：记住。

译 文

孔子说："把所见所闻默默地记在心上，努力学习而从不满足，教导别人而不知疲倦，这些事我做到了多少呢？"

智慧小学堂

　　学习这件事情，是一件终生都要进行的事情，而在这个过程中，凡是我们见闻到的事情都要记在心中，然后不断反思，进而内化为我们的人生经验。如果有这样的学习态度，再有持之以恒的品质，便会越来越好。

zǐ yuē　　　dé zhī bù xiū　　xué zhī bù jiǎng　　wén yì bù néng

子曰："德之不修，学之不讲，闻义不能

xǐ　　bú shàn bù néng gǎi　　shì wú yōu yě

徙，不善不能改，是吾忧也。"

(译)(文)

孔子说："不去培养品德，不去讲习学问，听到义在那里却不去
追随，有缺点而不改正，这些都是我所忧虑的。"

52

智慧小学堂

　　自我修养这件事情，绝不是偶尔做一下就可以的，而是应该时时刻刻进行的事情，我们要重视培养道德，学习知识，有缺点便改，只有这样持之以恒下去，才能成为有修养的人。

子曰：“饭疏食❶饮水，曲肱❷而枕之，乐亦在其中矣。不义而富且贵，于我如浮云。”

注 释

❶ 饭：吃。名词用作动词。疏食：糙米饭。
❷ 肱：胳膊。

译 文

孔子说："吃粗粮，喝冷水，弯起胳膊当枕头，这其中也有着乐趣。而通过干不正当的事得来的富贵，对于我来说就像浮云一般。"

智慧小学堂

如果一个人的财富不是通过正当的手段获得的，哪怕对方再富贵，我们也不要去羡慕。如果你在一件事情上投入非常多的精力，自然就会获得相应的收获，财富也是一样。所以可以通过正常的途径去获得财富。有的人愿意追求精神上的快乐，因而将大多数的时间和精力都投到了精神追求上，这样的人值得我们敬佩。

　　子曰："三人行[1]，必有我师焉：择其善者而从之[2]，其不善者而改之。"

注释

[1] 行：行走。
[2] 善：优点。从：顺从，学习。

译文

　　孔子说："三个人同行，其中必定有人可以作为值得我学习的老师。我选取他的优点而学习，如发现他的缺点则引以为戒而加以改正。"

智慧小学堂

　　有真正良好学习态度的人，善于从任何事、任何人身上学到知识，每个人都有自己的优点和缺点，对于他人的优点我们要学习，对于缺点我们要反思自己是否有这方面的缺陷。

子罕篇第九
zǐ hǎn piān dì jiǔ

颜渊喟然❶叹曰："仰之弥❷高，钻之弥坚。瞻之在前，忽焉在后。夫子循循然❸善诱人，博我以文，约我以礼，欲罢不能。既竭吾才，如有所立卓尔❹。虽欲从之，末❺由也已。"

注释

❶ 喟然：叹气的样子。

❷ 弥：更加，越发。

❸ 循循然：有步骤地。

❹ 卓尔：高高直立的样子。尔，相当于"然"。

❺ 末：无。

译文

颜渊感叹地说："我的老师啊，他的学问道德，抬头仰望，越望越觉得高；努力钻研，越钻研越觉得深。看着好像在前面，忽然又像在后面了。老师善于有步骤地引导我们，用各种文献来丰富我们的知识，用礼来约束我们的行为，我们想要停止学习都不可能。我已经用尽自己的才力，似乎有一个高高的东西立在我的前面。虽然我想要追随上去，却找不到可循的路径。"

智慧小学堂

颜渊在这里赞叹自己的老师孔子，我们可以视为一种人生追求，孔子身上的所有品质都值得我们去赞叹，但在赞叹的同时，我们更应该有一种见贤思齐的实际行动，对于这些高尚品质我们是可以学习的。

zǐ yuē　　pì　rú wéi shān　　wèi chéng yí kuì　　zhǐ　 wú
子曰："譬如为山，未成一篑❶，止，吾

zhǐ yě　　 pì　rú píng dì　　suī fù yí kuì　　jìn　　wú wǎng yě
止也。譬如平地，虽覆一篑，进，吾往也。"

注 释

❶篑：盛土的筐子。

译 文

　　孔子说："好比堆土成山，只差一筐土就完成了，这时停下来，是我自己要停下来的。又好比平地上堆土成山，虽然只倒下一筐土，如果决心继续，还是要自己去干的。"

智慧小学堂

当下很多人都以"每天进步一点点"来激励自己上进学习，其实所表达的意思与孔子所说的意思一样，都是在表达学习要有持之以恒以及锲而不舍的精神。

子曰："知者不惑，仁者不忧，勇者不惧。"

译文

孔子说："聪明的人不疑惑，仁德的人不忧愁，勇敢的人不畏惧。"

智慧小学堂

知识非常多的人，不会有太多的困惑；有仁德的人，不会有太多的忧愁；勇敢的人，不会有畏惧的事情。这三样品格和特质非常值得我们去学习。

乡党篇第十

rù gōng mén   jū gōng   rú yě   rú bù róng
入公门，鞠躬❶如也，如不容。

lì bù zhōng mén   xíng bù lǚ yù
立不中门❷，行不履阈❸。

guò wèi   sè bó rú yě   zú jué rú yě   qí yán sì bù zú zhě
过位，色勃如也，足躩如也，其言似不足者。

注释

❶ 鞠躬：此不作曲身讲，而是形容谨慎恭敬的样子。

❷ 中门：中于门，表示在门的中间。"中"用作动词。

❸ 阈：门限，即门坎。

译文

孔子走进朝堂的大门，显出小心谨慎的样子，好像没有容身之地。他不站在门的中间，进门时不踩门坎。经过国君的座位时，脸色变得庄重起来，脚步也快起来，说话的声音低微得像气力不足似的。

智慧小学堂

　　礼仪制度是社会得以有序运行的保障，孔子处处恪守礼仪，使得自己的行为符合礼仪标准。礼仪，我们可以理解为一种尺度，在这样的尺度之内行事，很少会出现难以处理的事情。

shí bú yàn jīng　　kuài　bú yàn xì
食不厌精，脍❶不厌细。

shí yì ér ài　　yú něi ér ròu bài　　bù shí
食饐而餲❷，鱼馁而肉败❸，不食。

注 释

❶脍：切过的鱼或肉。

❷饐：食物经久发臭。餲：食物经久变味。

❸馁：鱼腐烂。败：肉腐烂。

译 文

　　粮食不嫌舂得精，鱼和肉不嫌切得细。粮食腐败发臭，鱼和肉腐烂，都不吃。

智慧小学堂

　　在古代的时候，所有人都会严格遵照一套标准去做事情，有一些规矩在今天看来就非常不合适，显得格外古板，因此无论再伟大的思想家，随着时代的变迁，他的思想中肯定有一些不符合当下时代的要求，但是本文中不吃腐败食物的说法，在今天仍然是可取的。

子路篇第十三

zǐ lù piān dì shí sān

zǐ yuē qí shēn zhèng bú lìng ér xíng qí shēn bú zhèng

子曰："其身正，不令而行；其身不正，

suī lìng bù cóng

虽令不从。"

译 文

孔子说："（作为管理者）如果自身行为端正，不用发布命令，事情也能推行得通；如果本身不端正，就是发布了命令，百姓也不会听从。"

智慧小学堂

　　本篇说的其实是以身作则的意思，我们可以推己及人。要求他人做到的事情，我们自己首先要做到，要是连我们自己都做不到的事情，还要求他人做到，就很不道德了。

_{zǐ yuē   jūn zǐ tài ér bù jiāo   xiǎo rén jiāo ér bú tài}
子曰："君子泰而不骄，小人骄而不泰。"

译文

　　孔子说："君子安详坦然而不骄矜凌人；小人骄矜凌人而不安详坦然。"

智慧小学堂

道德修养高尚的人，绝不会因自己出众的道德修养以及地位，去随意凌辱他人或看不起他人，这样的行为是违背道德修养的。但是小人就不一样了，但凡有一点比他人强的地方，便会各种炫耀或者随意凌辱他人，这样的行为很不道德。

xiàn wèn piān dì shí sì
宪问篇第十四

zǐ yuē　shì ér huái jū　bù zú yǐ wéi shì yǐ
子曰："士而怀居[1]，不足以为士矣。"

注释

[1] 怀居：留恋家室的安逸。怀，思念，留恋。居，家居。

译文

孔子说："士人如果留恋安逸的生活，就不足以做士人了。"

智慧小学堂

　　一个立志要有所成就的人，如果总是想着过一种安逸的生活，那么还是早早把这种志向扔掉最好，这样的人还需要修养自己的道德。

卫灵公篇第十五

子曰:"已矣乎! 吾未见好德如好色者也。"

译文

孔子说:"罢了罢了! 我没见过喜欢美德如同喜欢美色一样的人。"

智慧小学堂

道德、礼仪、知识、文化等，都是人类区别于动物的特质。色欲是人和动物的本能，孔子所发出的感慨，在我们这个时代依然存在，孔子告诉我们要用美德来抵制那些本能带来的不良影响。

zǐ yuē　　　jūn zǐ qiú zhū jǐ　　xiǎo rén qiú zhū rén
子曰："君子求诸己，小人求诸人。"

译 文

孔子说："君子要求自己，小人苛求别人。"

智慧小学堂

　　有道德修养的人，从来都是严苛要求自己，然后推己及人，而小人就完全反过来了，从来都是严苛要求他人，对于自己却从不去严格要求。

jì shì piān dì shí liù
季氏篇第十六

孔子曰：“益者三友，损者三友。友直，友
谅 ❶，友多闻，益矣。友便辟 ❷，友善柔，友
便佞 ❸，损矣。”

注 释

❶ 谅：诚信。

❷ 便辟：逢迎谄媚。

❸ 便佞：用花言巧语取悦于人。

译 文

孔子说：“有益的朋友有三种，有害的朋友有三种。同正直的人
交友，同诚信的人交友，同见闻广博的人交友，是有益的。同逢迎
谄媚的人交友，同表面柔顺而内心奸诈的人交友，同花言巧语的人
交友，是有害的。”

智慧小学堂

　　看一个人的品质如何，可以看他周围的朋友，朋友对一个人内心的道德修养有着极大的影响。因此，我们在交朋友的时候要特别注重对朋友品行的考察，对于品行很差的人，一定要严格排除在自己的朋友圈子之外。

图书在版编目（CIP）数据

藏在四书五经里的那些智慧：思维导图彩绘版．论语 / 新新世纪编 . -- 五家渠：新疆生产建设兵团出版社，2022.3

ISBN 978-7-5574-1781-9

Ⅰ.①藏… Ⅱ.①新… Ⅲ.①儒家②四书－儿童读物③五经－儿童读物④《论语》－儿童读物 Ⅳ.① B222.1-49 ② Z126.1-49

中国版本图书馆 CIP 数据核字（2022）第 032760 号

责任编辑：吴秋明

藏在四书五经里的那些智慧：思维导图彩绘版．论语

出版发行	新疆生产建设兵团出版社
地　址	新疆五家渠市迎宾路 619 号
邮　编	831300
电　话	0994-5677185
发　行	0994-5677116
传　真	0994-5677519
印　刷	三河市双升印务有限公司
开　本	710 毫米 × 1000 毫米　1/16
印　张	40
字　数	40 千字
版　次	2022 年 3 月第 1 版
印　次	2022 年 4 月第 1 次印刷
书　号	ISBN 978-7-5574-1781-9
定　价	188.00 元

那些智慧

藏在四书五经里的

诗经

新新世纪◎编

新疆生产建设兵团出版社

"四书五经"是儒家经典著作"四书"和"五经"的合称,"四书"指《大学》《中庸》《论语》《孟子》,"五经"指《诗经》《尚书》《礼记》《易经》《春秋》。它们是儒家文化的核心载体,是中华民族最为宝贵的精神财富。在我国古代,上至帝王将相,下至黎民百姓,都会以"四书五经"为根本依据去修身、齐家、治国、立德。作为现代人要想真正承继以及了解中国传统文化经典,就必须从阅读"四书五经"开始。

"四书五经"内容博大精深,有着深厚的文化内蕴,阅读时必须逐句逐段仔细琢磨品味。这套书将逐一介绍"四书"和"五经",以便使读者对"四书"和"五经"的大致内容有个基本的把握。

《诗经》是中国最早的一部诗歌总集，收集了西周初年至春秋中叶（前 11 世纪至前 6 世纪）的诗歌，反映了周初至周晚期约五百年间的社会面貌。

　　《诗经》的作者绝大部分已经无法考证，传为尹吉甫采集、孔子编订。《诗经》在先秦时期称为《诗》，或取其整数称《诗三百》。西汉时被尊为儒家经典，始称《诗经》，并沿用至今。诗经在内容上分为《风》《雅》《颂》三个部分。

　　本书精选《诗经》中适合当下孩子阅读的篇目，以精练生动的文字、科学简明的体例、丰富精美的图片，对儒家经典《诗经》进行了更加真实、直观、全面的解读，并将其呈现给读者，使得读者能够快速了解《诗经》中所蕴含的文化意义。

目 录

《诗经》在我国文学史、经学史，甚至在华夏的文化史中，都占有重要的地位。如果想了解中国文化，《诗经》是不可不读的一部著作。

《诗经》的基本信息

作者

《诗经》中的诗篇大都是由王官、太师收集的。经孔子编订之后，《诗经》便广为流传

时代
西周至春秋时期

《诗经》全面地展示了周朝的社会生活，真实地反映了中国奴隶社会从兴盛到衰败时期的历史面貌。其中有些诗是周部族起源、发展和立国的历史叙事诗

内容
中国最早的诗歌总集
共305首

《风》 采集各国民歌辑录而成。《诗经》选录了15个诸侯国的诗歌，共160篇

《雅》 西周士大夫阶层的诗歌，分为《大雅》和《小雅》，共105篇

《颂》 祭祀用的宗教音乐，用以歌颂神灵和祖先，分为《周颂》《鲁颂》《商颂》，共40篇

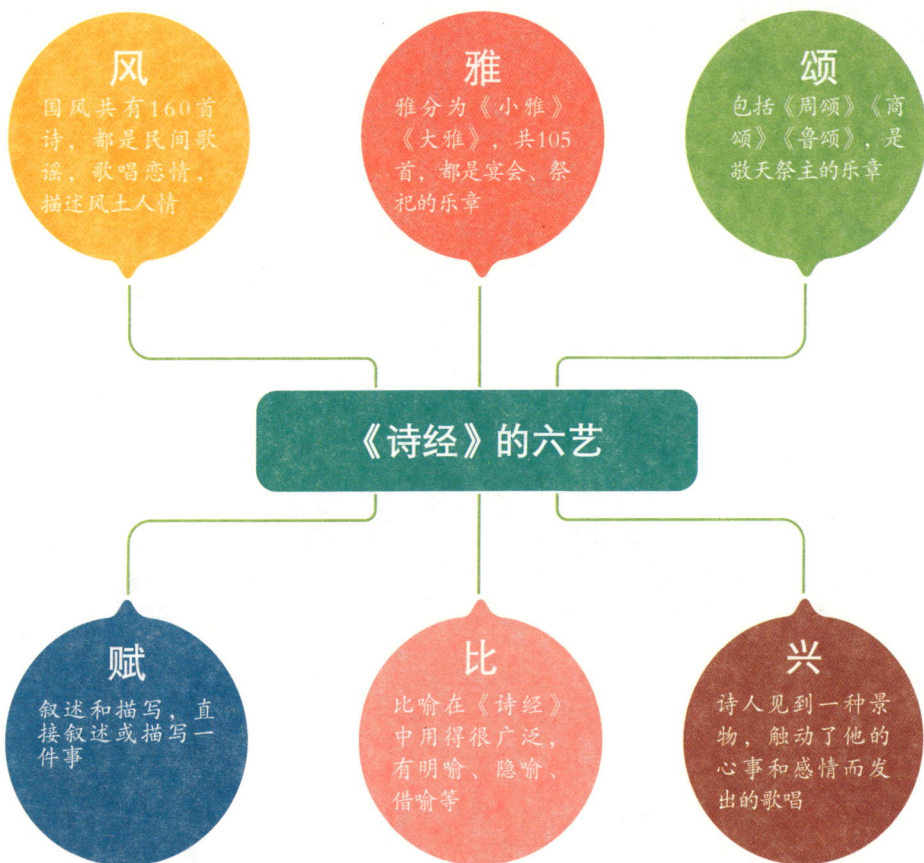

风

国风共有160首诗，都是民间歌谣，歌唱恋情，描述风土人情

雅

雅分为《小雅》《大雅》，共105首，都是宴会、祭祀的乐章

颂

包括《周颂》《商颂》《鲁颂》，是敬天祭主的乐章

《诗经》的六艺

赋

叙述和描写，直接叙述或描写一件事

比

比喻在《诗经》中用得很广泛，有明喻、隐喻、借喻等

兴

诗人见到一种景物，触动了他的心事和感情而发出的歌唱

《诗经》的价值

《诗经》可以表达理想、志向，涵养性情，净化心灵

读《诗经》可以使人们文才博雅，辞令美善

一

二

三

四

《诗经》使人们通晓人情世态

《诗经》是中国文学之祖，学习中国文化的必读之书

<ruby>关<rt>guān</rt></ruby> <ruby>雎<rt>jū</rt></ruby>

<ruby>关<rt>guān</rt></ruby><ruby>关<rt>guān</rt></ruby><ruby>雎<rt>jū</rt></ruby><ruby>鸠<rt>jiū</rt></ruby>❶，<ruby>在<rt>zài</rt></ruby><ruby>河<rt>hé</rt></ruby><ruby>之<rt>zhī</rt></ruby><ruby>洲<rt>zhōu</rt></ruby>。

<ruby>窈<rt>yǎo</rt></ruby><ruby>窕<rt>tiǎo</rt></ruby><ruby>淑<rt>shū</rt></ruby><ruby>女<rt>nǚ</rt></ruby>❷，<ruby>君<rt>jūn</rt></ruby><ruby>子<rt>zǐ</rt></ruby><ruby>好<rt>hǎo</rt></ruby><ruby>逑<rt>qiú</rt></ruby>。

注 释

❶ 雎鸠：水鸟名，即鱼鹰。

❷ 窈窕：娴静美丽的样子。

译 文

彼此鸣叫相互应和的一对雎鸠，栖宿在河中一方小洲上。娴静美丽的好姑娘，正是与君子相配的好对象。

智慧小学堂

　　这是一首相思的诗歌。一位年轻的男子恋上了一位在河滨采
荇菜的姑娘，思而难忘，辗转无眠，梦想着娶她回家，过上美好
生活。全诗情思无邪，句式回环，音调富于节奏感，往复不
已，感人至深！

葛覃

gé zhī tán xī　　yì yú zhōng gǔ　　wéi yè mò mò

葛之覃兮，施于中谷，维叶莫莫❶。

shì yì shì huò　　wéi chī wéi xì　　fú zhī wú yì

是刈是濩❷，为缔为绤❸，服之无斁❹。

yán gào shī shì　　yán gào yán guī

言告师氏，言告言归。

bó wū wǒ sī　　bó huàn wǒ yī

薄污我私❺，薄浣我衣。

hé huàn hé fǒu　　guī níng fù mǔ

害浣害否❻，归宁父母❼。

注释

❶ 莫莫：茂密的样子。

❷ 刈：用刀割。濩：在水中煮。

❸ 为：做。缔：细葛布。绤：粗葛布。

❹ 斁：厌恶，厌弃。

❺ 薄：发语词。污：去污，清洗。私：内衣，穿在里面的衣服。

❻ 害：同"曷"，哪些，什么。否：不要。

❼ 归宁：古代已婚女子回娘家省亲叫归宁。

译 文

葛藤长又长，枝条伸展到山谷，叶儿繁茂。忙割忙煮，葛布有细也有粗，人人穿上都舒服。

告诉女师，我想告假回家。搓洗我的贴身衣，清洗我的礼服。哪些要洗哪些不要洗理清楚，我急着回家看我的父母。

智慧小学堂

这是一首思归诗。一位女子，一年四季辛勤劳动，割葛煮葛，纺纱做衣，心里思念父母，盼望归家探亲，快要回娘家了，心情特别高兴。诗篇风格含蓄，辞浅情深。

卷耳

juǎn   ěr

cǎi cǎi juǎn ěr　　　bù yíng qǐng kuāng
采采卷耳❶，不盈顷筐❷。

jiē wǒ huái rén　　　zhì bǐ zhōu háng
嗟我怀人❸，寘彼周行❹。

注释

❶ 采采：茂盛的样子。卷耳：即苍耳。
❷ 盈：满。顷筐：一种筐子。
❸ 怀人：想念的人。
❹ 周行：大路。

译文

采呀采那卷耳菜，采不满小小一筐。心中想念我的丈夫，我将小筐搁置在大道旁。

智慧小学堂

　　这是一首妻子怀念远行丈夫的诗歌。一名在原野上采摘卷耳菜的少妇，因思念远行的丈夫，心不在焉，浮想联翩，以致不能专心劳作。诗篇写女子怀念之情层层深入，颇为感人。

桃 夭

táo zhī yāo yāo　　　　zhuó zhuó qí huā
桃之夭夭❶，灼灼其华❷。

zhī zǐ yú guī　　　yí　　qí shì jiā
之子于归，宜❸其室家。

注 释

❶ 夭夭：娇嫩而茂盛的样子。

❷ 灼灼：花朵开得火红鲜艳的样子。华：同"花"。

❸ 宜：和顺。

译 文

桃树多么繁茂，盛开着鲜花朵朵。这个姑娘出嫁了，她的家庭定会和顺美满。

智慧小学堂

这是一首贺新婚的诗歌。诗人以桃花比喻新娘年轻纯洁、明艳如花，祝祷新娘婚姻美满，家族兴旺。诗篇感情洋溢，色彩明亮，音韵和谐。

柏　舟

日居月诸❶，胡迭而微❷？

心之忧矣，如匪浣衣❸。

静言思之，不能奋飞。

注　释

❶ 居、诸：助词。

❷ 胡：为什么。迭：更替。微：昏暗无光。

❸ 浣：洗。

译　文

太阳啊月亮，为什么轮番暗无光？我心中的忧愁，就像没洗的衣裳。静下心来想起这些，恨不能展翅高飞。

智慧小学堂

　　这是一首寄寓诗。通过描写一位遭遇家庭苦恼的男子，忧愁苦闷无处诉说，其处境窘困，兄弟冷遇，小人围攻，从而寄托政治上的失意，表明诗人洁身自好、坚贞不屈的理想。诗篇情辞并茂，譬喻贴切，思想深刻。

绿 衣
lǜ yī

chī xī xì xī　　qī qí yǐ fēng
绤兮绤兮，凄其以风❶。
wǒ sī gǔ rén　　shí huò wǒ xīn
我思古人，实获我心❷！

注 释

❶ 凄：寒冷。以：因为。

❷ 实：实在，确实。获：得。

译 文

粗粗细细葛布衣，穿上身凉风习习。

我思念故人，实在合我的心意！

智慧小学堂

这是一首沉痛的悼亡诗。在挚爱的妻子不幸亡故后，诗人睹物思人，反复翻看着伴侣遗下的绿衣黄裳，不觉心如刀割，悲恸黯然。诗篇措辞凄凉，音韵低沉，"绿衣"意象多次出现，尤增"物在人亡"的无限惆怅。

击鼓

jī gǔ

"死生契阔"①，与子②成说。

sǐ shēng qì kuò   yǔ zǐ   chéng shuō

执子之手，与子偕老。

zhí zǐ zhī shǒu   yǔ zǐ xié lǎo

注释

① 契：合。阔：离。

② 子：此处指作者的妻子。

译文

"生死永远不分离"，已与你立下誓言。我会紧紧握着你的手，和你到老在一起。

智慧小学堂

这是一首战争的控诉诗。一位年轻士兵，随将远征，长年还乡无望，遥忆起当初夫妻之别，立下的重誓或成空，悲伤之情无以复加。诗篇叙事紧凑，抒情哀烈，末尾的直接哭诉，令人沉痛不忍卒读。

凯风
kǎi fēng

kǎi fēng zì nán   chuī bǐ jí xīn
凯风自南，吹彼棘心❶。

jí xīn yāo yāo   mǔ shì qú láo
棘心夭夭❷，母氏劬劳❸。

注释

❶ 棘：酸枣树。心：树木的嫩芽。

❷ 夭夭：树木嫩壮的样子。

❸ 劬劳：辛苦，劳苦。

译文

　　和风自南边吹来，吹动那酸枣树的嫩芽。酸枣树苗生机勃勃，母亲日夜操劳。

　　这是一首儿子歌颂母亲并自责的诗。追忆了生母抚养儿女的含辛茹苦，期望殷切；自责大器无成，深恩断报。

式微

式微❶，式微，胡不归❷？
微君之故❸，胡为乎中露❹！

注释

❶ 式：发语词。微：天黑。
❷ 胡：为什么。
❸ 微：非，若非，要不是。故：事。
❹ 中露：露水中。

译文

天色越来越黑，为什么还不回家？若不是为了国君你，怎么会身沾露水！

智慧小学堂

　　这首诗是人民苦于劳役，对国君发出的怨词。一群古代劳工，长期服役，披星戴月，风餐露宿，有家难归，于是辛酸之下，集体唱出了这支控诉之歌。此诗言简意赅，节奏短促，使用反诘手法，强化了抒情力度。

běi fēng
北　风

北风其凉，雨雪其雱❶。
běi fēng qí liáng　yù xuě qí pāng

惠而好我❷，携手同行。
huì ér hào wǒ　xié shǒu tóng xíng

其虚其邪❸？既亟只且❹！
qí xū qí xú　jì jí zhǐ jū

注 释

❶ 雱：形容雪大的样子。

❷ 好我：同我友好。

❸ 虚：同"舒"。邪：同"徐"。虚邪：即"舒徐"，缓慢的样子。

❹ 既：已。亟：急迫地，快。且：语气词。

译 文

　　北风那么凉，大雪纷纷扬。赞同我的好朋友，携手一起快逃亡。岂能犹豫慢慢走？处境已急迫！

智慧小学堂

　　这是一首描写逃亡者的诗歌。烽火突生，时局险恶，生命危在旦夕，诗人心急如焚，于是起而号召朋友同奔远方，相避战祸。诗篇以风雪的暴烈起兴，象征社会黑暗，节末"其虚其邪？既亟只且！"反复疾呼，节奏短促，情绪激昂，愈增气氛紧张之感。

jìng nǚ
静 女

jìng nǚ qí shū　sì wǒ yú chéng yú
静女其姝❶，俟我于城隅❷。

ài ér bú jiàn　sāo shǒu chí chú
爱而不见，搔首踟蹰。

注释

❶ 静女：文静娴雅的女子。姝：美丽，美好。

❷ 俟：等候，等待。隅：角落。

译文

文静的姑娘真可爱，约我城角楼上来。故意躲藏让我找，急得我抓耳又挠腮。

智慧小学堂

　　这是一首描写青年男女幽会的诗歌。一位男士与女友相约见面，老早等在城角，却没见到女友，急得抓耳挠腮。诗篇言辞质朴，格调静雅，人物心理刻画巧妙。

桑 中
sāng　zhōng

爰采葑❶矣？沫之东矣。
yuán cǎi fēng　yǐ　mèi zhī dōng yǐ

云谁之思？美孟庸矣。
yún shuí zhī sī　měi mèng yōng yǐ

期我乎桑中，要我乎上宫，
qī wǒ hū sāngzhōng　yāo wǒ hū shàng gōng

送我乎淇之上矣。
sòng wǒ hū qí zhī shàng yǐ

注 释

❶ 葑：野菜名，即蔓菁，芥菜。
　　　mán

译 文

　　到哪里采摘蔓菁？在那沫邑的东边。心中把谁思念？是那美丽的孟庸。约我在桑林中相会，邀我相会在上宫，又送我到淇水边。

智慧小学堂

　　这是一首讲述幽会的诗歌，展现了一对恋人在"桑中""上宫"两地幽聚，后在"淇水"送别的情景。诗篇中爱情不拘礼节，真诚直露，充满了自然气息。

淇奥
qí yù

瞻彼淇奥❶，绿竹猗猗❷。
zhān bǐ qí yù　　lù zhú yī yī

有匪❸君子，如切如磋，如琢如磨。
yǒu fěi　jūn zǐ　rú qiē rú cuō　rú zhuó rú mó

瑟兮僩兮❹，赫兮咺兮❺。
sè xī xiàn xī　hè xī xuǎn xī

有匪君子，终不可谖❻兮！
yǒu fěi jūn zǐ　zhōng bù kě xuān　xī

注释

❶ 奥：同"澳"，河岸弯曲的地方。

❷ 猗猗：长而美的样子。

❸ 匪：同"斐"，有文采。

❹ 瑟：庄重的样子。僩：威武的样子。

❺ 赫：光明磊落。咺：显著，盛大的样子。

❻ 谖：忘记。

译 文

　　眺望那淇水弯曲处，翠绿的竹子修长。文质彬彬的君子，有如象牙经过切磋，有如美玉经过琢磨。他仪表庄重，威风凛凛。他光明磊落，威仪显著，叫人永远难忘怀。

智慧小学堂

　　这是一首赞颂君子的诗歌。诗人不遗余力地赞美这位居住在水边竹林的君子，他相貌端庄英俊，佩饰高雅，器宇轩昂，并且宅心仁厚，品行高洁。诗篇音韵铿锵，摹状细腻，形象塑造令人肃然起敬。

硕　人

shuò　rén

shǒu rú róu tí　　　fū rú níng zhī
手如柔荑❶，肤如凝脂❷，

lǐng rú qiú qí　　　chǐ rú hù xī　　　qín shǒu é méi
领如蝤蛴❸，齿如瓠犀❹，蓁首蛾眉。

qiǎo xiào qiàn xī　　měi mù pàn xī
巧笑倩兮，美目盼兮。

注 释

❶ 荑：白茅的嫩芽。

❷ 凝脂：凝结的脂肪。

❸ 领：脖子。蝤蛴：天牛的幼虫，体长，圆而白嫩。

❹ 瓠犀：葫芦的籽，洁白整齐。

译 文

　　手指纤纤如嫩荑，皮肤白润如凝脂。脖子雪白柔长如蝤蛴，牙齿洁白整齐有如葫芦籽，蓁一样方正的前额还有弯弯蛾眉。一笑酒窝显妩媚，秋水般的眼波顾盼有情。

智慧小学堂

　　这描写的简直是一幅美人图。齐国公主庄姜出嫁了，诗人细致记录了当时随从众多、仪仗壮美的盛况，而新娘本人更是出身高贵，天生丽质，诗中运用了最美好生动的比喻，令人叹为观止。诗篇格调张扬，铺叙得力，词汇丰富。

出其东门

chū qí dōng mén

出其东门，有女如云❶。

虽则如云，匪我思存❷。

缟衣綦巾❸，聊乐我员❹。

注释

❶ 如云：形容众多。

❷ 思存：思念，念念不忘。

❸ 缟衣：白衣。綦巾：浅绿色的佩巾。

❹ 员：句末语气词。

译文

出那东门，女子多如云。虽然多如云，不是我的意中人。素衣青佩巾，喜欢又亲近。

智慧小学堂

这是一首情有独钟的爱情诗歌。步出城东门外，两边美女云集，然而这些衣着耀眼、灿烂如锦的小姐们，并没有令诗人心迷意乱，产生放弃探望城外村庄那位久藏在心的白衣青巾的姑娘的念头。他只爱她一人。诗篇对比明朗，结构规整。

yǒu hú
有　狐

yǒu hú suí suí　　　zài bǐ qí cè
有狐绥绥❶，在彼淇侧❷。

xīn zhī yōu yǐ　　zhī zǐ wú fú
心之忧矣，之子无服❸。

注 释

❶绥绥：慢走的样子。

❷侧：水边。

❸服：衣服。

译 文

　　狐狸慢慢地走，走在淇水的岸头。我心中伤悲呵，他连衣服也没有。

智慧小学堂

女子的丈夫流落在外，她担心他无衣无裳，唱起歌曲表达忧伤，感人至深。

木瓜

tóu wǒ yǐ mù guā bào zhī yǐ qióng jū
投①我以木瓜，报②之以琼琚③。

fěi bào yě yǒng yǐ wéi hǎo yě
匪报也，永以为好也。

注释

① 投：抛，投赠。

② 报：报答，回赠。

③ 琼：美玉美石的通称。琚：佩玉。

译文

你送我一个木瓜，我回送你一枚佩玉。这不只是回赠，而是为了永远相好。

智慧小学堂

　　这是两位互赠者表达永好之情的诗歌。一方以瓜桃李相赠，对方回赠琼瑶美玉，以此表明不是简单的答谢回报，而是愿永结情义，携手共老。诗篇氛围淡雅，音节从容，意象清新。

黍 离

<small>shǔ   lí</small>

<small>bǐ shǔ lí lí   bǐ jì zhī miáo</small>
彼黍离离❶，彼稷之苗。

<small>xíng mài mǐ mǐ   zhōng xīn yáo yáo</small>
行迈靡靡❷，中心摇摇。

<small>zhī wǒ zhě   wèi wǒ xīn yōu</small>
知我者，谓我心忧；

<small>bù zhī wǒ zhě   wèi wǒ hé qiú</small>
不知我者，谓我何求。

<small>yōu yōu cāng tiān   cǐ hé rén zāi</small>
悠悠苍天，此何人哉！

注 释

❶ 彼：那个。离离：整齐繁密的样子。

❷ 行迈：行走不止。靡靡：步行缓慢的样子。

译 文

　　那黍子生长满田地，那高粱苗绿油油。我举步迟迟，因为心中彷徨愁闷。理解我的人说我心中忧愁，不理解我的人说我有什么贪求。悠悠苍天啊，是谁害得我要离家走！

智慧小学堂

　　这是一首悼念故国的挽歌。一位士人重返旧地，人物皆非，昔日的宫殿宗庙早已繁华落尽，遗迹难觅，唯有葱绿的黍粱摇动风中，一片荒凉，此情此景使他悲从中来，无比怅惘。诗篇节奏灵动，意境空旷，抒情迷离，读之令人难以释怀。

君子于役

君子于役❶，不知其期❷。

曷❸至哉？

鸡栖于埘❹，日之夕❺矣，

羊牛下来。

君子于役，如之何勿思！

注释

❶ 君子：古代妻子对丈夫的敬称。于：去，往。役：古代徭役。

❷ 期：服役的期限。

❸ 曷：何，何时。

❹ 埘：在墙上挖洞或砌泥筑成的鸡窝。

❺ 夕：指傍晚时分。

丈夫去服役，不知道他的归期。他什么时候才能回来？鸡儿回窝，太阳也要落西山，牛羊都下了山坡。丈夫去服役，叫我怎能不苦苦思念？

智慧小学堂

这是一首幽静的怀人诗。圆日西坠，地平天阔，村边山冈和门前篱笆下，牛羊下山了，家鸡结群回栏，房顶炊烟直上。正在劳作的女主人公触景生情，想起久征在外的男人，心中攒满了忧虑和哀楚。诗篇言辞朴质，色调柔和，画感逼真。

采 葛
cǎi gé

彼采萧①兮，
bǐ cǎi xiāo xī

一日不见，如三秋兮！
yí rì bú jiàn rú sān qiū xī

注 释

① 萧：一种蒿子，有香气，古人用它来祭礼。

译 文

那采萧的姑娘，一天不见，像隔了三季不相见！

智慧小学堂

　　这是一首描写相思的诗歌。一日不见恋人，主人公饱受煎熬，神志恍然，好似度过了三月、三季、三年一般冗长，可见相知之真、相爱之深。诗篇旋律婉转，低语喃喃，抒情点到为止，质朴无华，而笔意纵横，收放自如。

风 雨
fēng yǔ

风雨如晦❶，鸡鸣不已❷。
fēng yǔ rú huì　　jī míng bù yǐ

既见君子，云胡不喜？
jì jiàn jūn zǐ　　yún hú bù xǐ

注 释

❶ 晦：昏暗。

❷ 已：停止。

译 文

凄风冷雨天地昏，雄鸡报晓不停歇。丈夫已经回家来，心中怎能不高兴？

智慧小学堂

　　这是一首重逢之歌。一个风雨凄迷的早晨，栅栏下的鸡群在咯咯叫着乱窜，忧伤的女主人公打开门，这时久征远地的男人突然回来了，令她惊喜不已。诗篇节奏轻快，摹景抒情高度融合，场面有声有色。

子 衿

青青子衿**❶**，悠悠我心。

纵我不往，子宁不嗣音**❷**？

青青子佩**❸**，悠悠我思。

纵我不往，子宁不来？

注 释

❶ 衿：衣领。

❷ 宁：岂，难道。嗣：继续。音：音信。嗣音：即保持联系。

❸ 佩：指身上佩玉石的绶带。

译 文

青青的是你衣领的颜色，悠悠思念的是我的心。即使我不去看你，你为何不捎个音信？

青青的是你佩带的颜色，悠悠的是我的思念。即使我不去看你，你为何不来？

智慧小学堂

　　这首诗主题是等候恋人。丛林围绕的城楼上，四面空荡，一位姑娘踟蹰其中，心烦意乱，埋怨男友不来相会，令她饱受相思煎熬，继而引发了一系列的猜想、疑问和抱怨。诗篇结构简约，语言通俗，心理刻画真切入神。

十亩之间
shí mǔ zhī jiān

十亩①之间兮，桑者闲闲兮②，
shí mǔ zhī jiān xī　　sāng zhě xián xián xī

行③与子还兮。
xíng yǔ zǐ huán xī

注释

① 十亩：表示面积大。

② 桑：作动词，采桑。闲闲：从容不迫、不慌不忙的样子。

③ 行：走，离开。

译文

十亩桑园中间，采桑的人不慌不忙。走吧，和你一起回家。

　　这是一幅采桑晚归图。入暮时分，斜晖耀映，村里正炊烟依依，山岭青翠，宽广高深的桑园间，一群悠闲桑女呼引着伴儿同归，笑声回响在幽寂的上空。诗篇节奏饱满，空间开阔。

硕 鼠

shuò shǔ shuò shǔ　　　wú shí wǒ shǔ
硕鼠硕鼠 ❶，无食我黍 ❷！

sān suì guàn rǔ　　　mò wǒ kěn gù
三岁贯女 ❸，莫我肯顾。

shì jiāng qù　　rǔ　　shì bǐ lè tǔ
逝将去 ❹ 女，适彼乐土 ❺。

lè tǔ lè tǔ　　yuán　dé wǒ suǒ
乐土乐土，爰 ❻ 得我所！

注 释

❶ 硕鼠：即田鼠，喜食谷物。

❷ 黍：黍子。

❸ 三岁：泛指多年。贯：侍奉，养活。女：同"汝"，你，你们。

❹ 逝：同"誓"，发誓。将：将要。去：离去，走开。

❺ 适：到，往。乐土：作者理想中享有自由平等的安乐地方。

❻ 爰：乃，就，便。

译 文

　　大老鼠呀大老鼠，不要吃我的黄黍。多少年辛苦侍奉你，我的生活你不顾。如今我们誓将离开，去寻找那理想的乐土，乐土呀乐土，是我们的安居处！

智慧小学堂

　　这是一篇声讨文。社会不公，恶力横行，贵族大佬只知贪得无厌，剥削无度，老百姓活在水深火热中，由此愤而起来反抗，发出了势不两立的强音。诗篇抒情沉烈，节奏铿锵，通篇以"鼠"譬喻剥削者，贴切典型。

小　戎

xiǎo　róng

言念君子❶，温其如玉。
yán niàn jūn zǐ　wēn qí rú yù

在其板屋❷，乱我心曲。
zài qí bǎn wū　luàn wǒ xīn qū

注释

❶ 君子：此指在外从军的丈夫。

❷ 板屋：西戎民族使用木板盖房屋，这里代指西戎。

译文

想起我家好夫君，性情温和像美玉。从军去了西戎界，想他使我心烦乱。

智慧小学堂

　　秦襄公十二年远征西戎，此诗便是写一位女子想念自己远在西戎的丈夫的。

蒹 葭

蒹葭苍苍❶，白露为霜。
所谓伊人❷，在水一方❸。
溯洄从之❹，道阻❺且长。
溯游❻从之，宛❼在水中央。

注 释

❶ 蒹：细长的水草。葭：初生的芦苇。苍苍：颜色深青，茂盛鲜明的样子。

❷ 谓：说。伊：指示代词，那，那个。

❸ 方：边，侧。

❹ 溯：沿着岸向上游走。洄：逆流而上。从：追随，追寻，寻求。

❺ 阻：险阻，阻碍。

❻ 溯游：顺流而下。

❼ 宛：宛然，仿佛，好像。

（译）（文）

细长的芦苇青苍苍，白露凝成冰霜。我思念的人啊，在水的那一边。逆着河道追寻她，道路崎岖而漫长。顺着流水追寻她，她好像在水的中央。

智慧小学堂

这是一首秋日恋歌。露水苍茫的清晨，河中芦丛静悄悄的，地上结了一层霜花，诗人来到岸边，幻觉中恍惚见着了心爱的人儿立在彼岸，追过去，就不见了，又看到人儿站在了水中的小洲上。诗篇物象清净，意境空幻，抒情优美婉约。

七月
qī yuè

七月流火❶，九月授衣。
qī yuè liú huǒ　　jiǔ yuè shòu yī

一之日觱发❷，二之日栗烈。
yī zhī rì bì bō　　èr zhī rì lì liè

无衣无褐，何以卒岁？
wú yī wú hè　　hé yǐ zú suì

三之日于耜❸，四之日举趾。
sān zhī rì yú sì　　sì zhī rì jǔ zhǐ

同我妇子，馌彼南亩❹，
tóng wǒ fù zǐ　　yè bǐ nán mǔ

田畯❺至喜。
tián jùn　zhì xǐ

注释

❶火：星名，又名"大火""心宿"。此星六月在正南方，七月就开始偏西向下，所以称"流火"。

❷一之日：夏历十一月。觱发：大风吹物发出的声音。

❸于：修理。耜：农具，犁的一种，用来耕地翻土。

❹馌：送饭。南亩：泛指田地。

❺田畯：掌管农事的官。

译文

七月火星偏西方，九月女工制冬衣。十一月北风呼呼吹，十二月寒气凛冽刺骨。粗布衣服都没有，如何熬过寒冬期？正月里修理锄犁，二月下田犁地。耕作和妻子儿女一起，饭菜送到田地，农官看到满心欢喜。

智慧小学堂

　　诗从七月写起，全面、细致、生动地描写了先民们从七月到次年二月的生产活动，以按月歌唱的形式反映了当时农民的生活。这是一幅西周社会的农事图和风俗画卷。

鸱 鸮
chī xiāo

予羽谯谯❶，予尾翛翛❷。
yú yǔ qiáo qiáo　yú wěi xiāo xiāo

予室翘翘❸，风雨所漂摇❹，
yú shì qiáo qiáo　fēng yǔ suǒ piāo yáo

予维音哓哓❺！
yú wéi yīn xiāo xiāo

注 释

❶ 谯谯：羽毛脱落的样子。

❷ 翛翛：羽毛干枯不润泽的样子。

❸ 翘翘：高而危险的样子。

❹ 漂摇：同"飘摇"，在空中摇晃。

❺ 维：只有。哓哓：因恐惧而发出的哀鸣。

译 文

我的羽毛已焦枯，我的尾巴像干草。我的巢儿险而高，在风雨中飘摇，吓得我惊恐地哀号！

鹿鸣

呦呦鹿鸣①，食野之苹②。

我有嘉宾③，鼓瑟吹笙④。

吹笙鼓簧⑤，承筐是将⑥。

人之好⑦我，示我周行⑧。

注释

① 呦呦：鹿鸣叫的声音。

② 苹：草名，一说为蒿草，一说为马帚，即北方的扫帚菜。

③ 嘉宾：贵宾、佳客。

④ 瑟：古代弹拨乐器。笙：古代的一种簧管乐器。

⑤ 簧：笙中之簧叶。鼓簧：指吹笙，鼓动簧叶而发声。

⑥ 承：双手捧着。筐：指盛币帛之竹筐。承筐：指主人命奴仆捧出盛币帛的竹筐。将：送。

⑦ 好：爱护。

⑧ 示：指示。周行：大道，正道，此处指正确的道理。

译 文

群鹿呦呦鸣叫，来吃田野青苹。我有佳客贵宾来啊，弹瑟又吹笙。吹笙吹笙，鼓簧鼓簧，捧出盈筐币帛，来赠我那尊贵的客人啊！贵宾对我无限厚爱，教我道理最欢喜。

智慧小学堂

这是一首宴饮求贤诗。一片悠扬的鼓瑟声响起来了，宾客们互相谈笑着，敬着酒，和乐融融，主人在此情况下命令乐队奏起了这首歌，表达自己求贤的渴望和欣喜之情。诗篇章法分明，格调欢快，场面富于动感。

常棣

兄弟阋❶于墙，外御其务❷。

每有良朋，烝也无戎❸。

注释

❶ 阋：不和，争吵。

❷ 务：同"侮"。

❸ 烝：众多。戎：相助。

译文

兄弟家内也有纷争，对外则同心共御敌。虽有良朋益友，众友芸芸无所助啊。

智慧小学堂

　　这是一首好兄弟歌。兄弟相会来了，在特地准备的筵席上，诗人欢快地唱了起来：丧了命、遇难、御外侮时，就有兄弟来收殓、相救或帮忙，度过了安逸时期的考验，兄弟们就又和好如初了。诗篇节奏先快后缓，意象生动，抒情说理高度融合。

伐 木

fá mù zhēng zhēng　　　niǎo míng yīng yīng
伐木丁丁❶，鸟鸣嘤嘤❷。

chū zì yōu gǔ　　　qiān yú qiáo mù
出自幽谷❸，迁于乔木❹。

yīng qí míng yǐ　　qiú qí yǒu shēng
嘤其鸣矣，求其友声。

注 释

❶ 丁丁：伐木声。

❷ 嘤嘤：鸟鸣声。

❸ 幽谷：深谷。

❹ 乔木：高大的树。

译 文

　　咚咚作响伐木声，嘤嘤群鸟相和鸣。鸟儿本从深谷出，飞往高高大树上。小鸟嘤嘤啼不住，只是为了求知音。

这是一首宴友歌。林中伐木声响起来了，鸟儿嘤嘤鸣叫着求伴。诗人就用这首歌表达了自己对友情的期许。诗篇叙述虚实共生，意境清幽，理趣相合。

小　旻
xiǎo　　mín

bù gǎn bào　　hǔ　　　bù gǎn píng　　hé
不敢暴❶虎，不敢冯❷河。

rén zhī qí yī　　mò zhī qí tā
人知其一，莫知其他。

zhàn zhàn jīng jīng　　rú lín shēn yuān　　rú lǚ　　bó bīng
战战兢兢，如临深渊，如履❸薄冰。

注 释

❶ 暴：徒手空拳。
❷ 冯：无舟渡水，徒涉。
❸ 履：踩踏。

译 文

　　不敢空手打虎，不敢徒步过河。人们知道这一条，不知道其他更危险的事。一定要小心谨慎多提防，就像走近那深渊旁，就好像踩在薄冰上。

<ruby>蓼<rt>lù</rt></ruby> <ruby>莪<rt>é</rt></ruby>

<ruby>蓼<rt>lù</rt></ruby><ruby>蓼<rt>lù</rt></ruby><ruby>者<rt>zhě</rt></ruby><ruby>莪<rt>é</rt></ruby>❶，<ruby>匪<rt>fěi</rt></ruby><ruby>莪<rt>é</rt></ruby><ruby>伊<rt>yī</rt></ruby><ruby>蒿<rt>hāo</rt></ruby>❷。

<ruby>哀<rt>āi</rt></ruby><ruby>哀<rt>āi</rt></ruby><ruby>父<rt>fù</rt></ruby><ruby>母<rt>mǔ</rt></ruby>，<ruby>生<rt>shēng</rt></ruby><ruby>我<rt>wǒ</rt></ruby><ruby>劬<rt>qú</rt></ruby><ruby>劳<rt>láo</rt></ruby>。

<ruby>蓼<rt>lù</rt></ruby><ruby>蓼<rt>lù</rt></ruby><ruby>者<rt>zhě</rt></ruby><ruby>莪<rt>é</rt></ruby>，<ruby>匪<rt>fěi</rt></ruby><ruby>莪<rt>é</rt></ruby><ruby>伊<rt>yī</rt></ruby><ruby>蔚<rt>wèi</rt></ruby>❸。

<ruby>哀<rt>āi</rt></ruby><ruby>哀<rt>āi</rt></ruby><ruby>父<rt>fù</rt></ruby><ruby>母<rt>mǔ</rt></ruby>，<ruby>生<rt>shēng</rt></ruby><ruby>我<rt>wǒ</rt></ruby><ruby>劳<rt>láo</rt></ruby><ruby>瘁<rt>cuì</rt></ruby>❹。

注释

❶ 蓼蓼：长大的样子。莪：植物名，即莪蒿，多年生草本植物，生在水田里，叶嫩时可食。

❷ 蒿：即蒿子，有青蒿、白蒿等数种，这里比喻贱草。

❸ 蔚：蒿的一种，又名牡蒿。

❹ 瘁：憔悴。

　　莪蒿长得长又高，不是美莪是青蒿。可怜我的父母亲，生我养我多辛劳。莪蒿长得长又肥，不是美莪是牡蒿。可怜我的父母亲，生我养我身憔悴。

智慧小学堂

　　这首诗写一位孝子发出的痛苦的呼声。诗中写父母养育自己之不易，做儿子的却无力报答父母的养育之恩，因而内心充满忧虑与痛苦。此诗为古代著名的行孝诗。

苕之华
tiáo zhī huā

苕^❶之华，芸其黄矣。
tiáo zhī huā yún qí huáng yǐ

心之忧矣，维其伤矣！
xīn zhī yōu yǐ wéi qí shāng yǐ

苕之华，其叶青青^❷。
tiáo zhī huā qí yè qīng qīng

知我如此，不如无生！
zhī wǒ rú cǐ bù rú wú shēng

注释

❶ 苕：木本蔓生植物，又名凌霄，花赤黄色。
❷ 青青：茂盛。

译文

　　凌霄花儿正开放，颜色深黄真漂亮。心里的忧愁呀，极度悲伤啊！凌霄花儿正开放，叶子青青好茂盛。早知生活这样难，不如不出生！

智慧小学堂

这是一首饥民诗。凌霄花开了，叶儿满眼青葱，世上却正值荒年，到处民不聊生。饥饿导致了诗人沉重的叹息。诗篇言辞痛切，对比强烈。

清　庙

<small>qīng　miào</small>

<small>wū　mù　qīng miào</small>　　<small>sù　yōng xiǎn xiàng</small>
於穆清庙❶，肃雍显相❷。

<small>jǐ　jǐ　duō shì</small>　　<small>bǐng wén zhī dé</small>
济济多士，秉文之德。

注　释

❶ 於：叹词。穆：深远。清：肃穆清静。

❷ 肃：肃静。雍：和。显：显赫。相：助祭之人。

译　文

多么庄严肃穆的清庙，助祭端庄又和平。威仪整齐的众多祭者，文王德行要谨遵。

　　这首诗是歌颂周文王功德的诗。内容颂扬了文王的高尚品德与辉煌业绩，号召后人遵循文王的德教。

77

jūn zǐ xié lǎo
君子偕老

jūn zǐ xié lǎo　　fù jī liù jiā
君子偕老，副笄六珈❶。

wěi wěi tuó tuó　　rú shān rú hé　　xiàng fú shì yí
委委佗佗，如山如河，象服是宜❷。

zǐ zhī bù shū　　yún rú zhī hé
子之不淑❸，云如之何！

注 释

❶副：又称步摇，一种头饰。笄：簪子。珈：饰玉。

❷委委佗佗：形容走路姿态之美。象服：古代贵妇所穿礼服。宜：合身。

❸子：指宣姜。不淑：不善。

译 文

　　君子终身相伴者，玉簪首饰插满头。举止行动多自得，凝重如山深如河，穿上礼服很适合。可是德行太丑陋，对她又能说什么！

智慧小学堂

　　这首诗通过极力描写宣姜的服饰、尊严、美丽，用这种手法来讽刺她的所作所为与其地位的不相称。

图书在版编目（CIP）数据

藏在四书五经里的那些智慧：思维导图彩绘版．诗
经 / 新新世纪编 . –– 五家渠：新疆生产建设兵团出版
社，2022.3
ISBN 978-7-5574-1781-9

Ⅰ . ① 藏… Ⅱ . ① 新… Ⅲ . ① 儒家 ② 四书–儿童读物
③ 五经–儿童读物 ④ 古体诗–诗集–中国–春秋时代 ⑤《诗
经》–儿童读物 Ⅳ . ① B222.1-49 ② Z126.1-49

中国版本图书馆 CIP 数据核字（2022）第 032767 号

责任编辑：吴秋明

藏在四书五经里的那些智慧：思维导图彩绘版．诗经

出版发行	新疆生产建设兵团出版社
地　　址	新疆五家渠市迎宾路 619 号
邮　　编	831300
电　　话	0994-5677185
发　　行	0994-5677116
传　　真	0994-5677519
印　　刷	三河市双升印务有限公司
开　　本	710 毫米 ×1000 毫米　1/16
印　　张	40
字　　数	40 千字
版　　次	2022 年 3 月第 1 版
印　　次	2022 年 4 月第 1 次印刷
书　　号	ISBN 978-7-5574-1781-9
定　　价	188.00 元

藏在四书五经里的

那些智慧

易经

新新世纪◎编

新疆生产建设兵团出版社

　　"四书五经"是儒家经典著作"四书"和"五经"的合称，"四书"指《大学》《中庸》《论语》《孟子》，"五经"指《诗经》《尚书》《礼记》《易经》《春秋》。它们是儒家文化的核心载体，是中华民族最为宝贵的精神财富。在我国古代，上至帝王将相，下至黎民百姓，都会以"四书五经"为根本依据去修身、齐家、治国、立德。作为现代人要想真正承继以及了解中国传统文化经典，就必须从阅读"四书五经"开始。

　　"四书五经"内容博大精深，有着深厚的文化内蕴，阅读时必须逐句逐段仔细琢磨品味。这套书将逐一介绍"四书"和"五经"，以便使读者对"四书"和"五经"的大致内容有个基本的把握。

《易经》是阐述天地世间万象变化的古老经典，是博大精深的辩证法哲学书。其中，蕴涵着朴素深刻的自然法则和辩证思想，是中华民族五千年智慧的结晶。其从整体的角度去认识和把握世界，把人与自然看作是一个互相感应的有机整体，即"天人合一"。

　　《易经》被誉为"诸经之首""大道之源"，是中华传统文化的总纲领。涵盖万有，纲纪群伦，是中华文化的杰出代表；广大精微，包罗万象，亦是中华文明的源头。其内容涉及哲学、政治、生活、文学、艺术、科学等诸多领域，是各家共同的经典。

　　本书精选适合当下孩子阅读的篇目，以精练生动的文字、科学简明的体例和丰富精美的图片，对儒家经典《易经》进行了更加真实、直观、全面的解读，并将其呈现给读者，使得读者能够快速了解《易经》中所蕴含的文化意义。

目录

《易经》的基本信息

时代
商至春秋时期

《易经》的"易"指的是变化

内容
变化之书

《易经》看似是专论阴阳八卦的著作，但实际上它论述的核心问题，是讲对立与统一的宇宙观，以及如何利用它来得到未来的信息

卦名和卦辞的注释

彖

"传"有七种十篇，是用来解说"经"的内容

对卦名和爻辞的注释

象

易传

对《乾》《坤》两卦做更进一步的解释

文言

主要讲六十四卦，并分别加以解释和演说

易经

《易经》的内容

　　《易经》以神秘莫测、复杂深奥著称，读者往往觉得繁杂万端。其实，《易经》的内容只不过是"经"和"传"两部分。

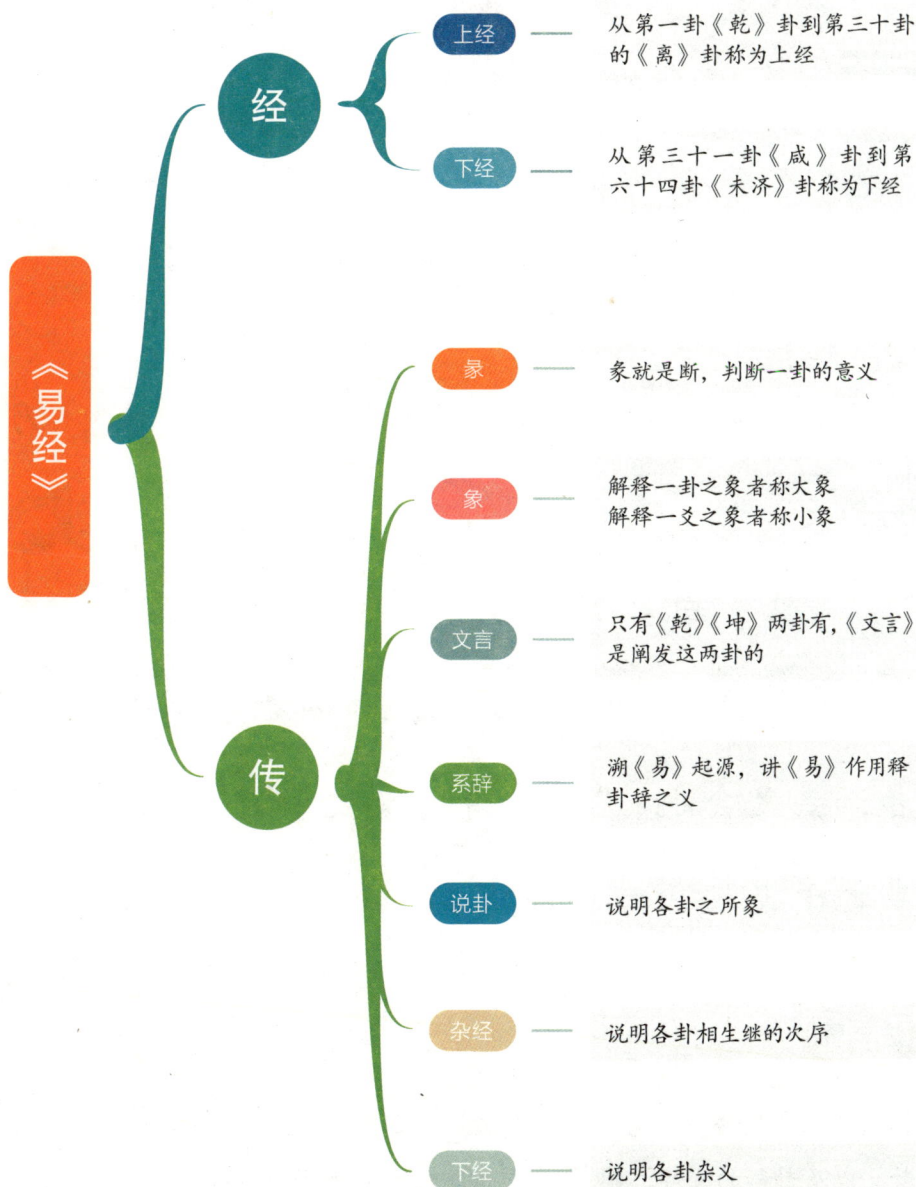

经

- 上经 —— 从第一卦《乾》卦到第三十卦的《离》卦称为上经
- 下经 —— 从第三十一卦《咸》卦到第六十四卦《未济》卦称为下经

《易经》

传

- 彖 —— 彖就是断，判断一卦的意义
- 象 —— 解释一卦之象者称大象，解释一爻之象者称小象
- 文言 —— 只有《乾》《坤》两卦有，《文言》是阐发这两卦的
- 系辞 —— 溯《易》起源，讲《易》作用释卦辞之义
- 说卦 —— 说明各卦之所象
- 杂经 —— 说明各卦相生继的次序
- 下经 —— 说明各卦杂义

乾 卦
qián guà

乾为天
（乾下乾上）

乾：元，亨，利，贞。
qián yuán hēng lì zhēn

《象》❶曰：大哉乾元，万物资❷始，乃
tuàn yuē dà zāi qián yuán wàn wù zī shǐ nǎi

统❸天。
tǒng tiān

《象》曰：天行健，君子以自强不息。
xiàng yuē tiān xíng jiàn jūn zǐ yǐ zì qiáng bù xī

《文言》曰："元"者，善之长也；"亨"
wén yán yuē yuán zhě shàn zhī zhǎng yě hēng

者，嘉之会也；"利"者，义之和也；"贞"者，
zhě jiā zhī huì yě lì zhě yì zhī hé yě zhēn zhě

事之干也。
shì zhī gàn yě

注 释

❶象：指《象传》，又叫《象辞传》。《象传》是解读六十四卦卦名、卦义以及卦辞的文字。❷资：依赖。❸统：属于。

译 文

《乾》：万物始，亨通，和谐而有利物，有光明正大的品格。

《象传》说：真是伟大啊，乾的创始！万物都依赖它诞生，万物都是属于天的。

《象传》说：天道刚健，君子取法天道，自强不息。

《文言》说：元，是善的开始；亨，是美的荟萃；利，是义的和谐；正直，是做事的根本。

智慧小学堂

卦象：乾下乾上，为天道运行刚健不息之象。卦德：上卦为乾为健，下卦为乾为健。

全卦揭示创造宇宙万物的本始力量及变化规律，强调刚健不息。

^{kūn} ^{guà}
坤 卦

坤为地
（下坤上坤）

^{kūn}　　^{yuán}　^{hēng}　^{lì pìn mǎ}　^{zhī zhēn}
坤❶：元，亨，利牝马❷之贞。

^{tuàn}　^{yuē}　^{zhì}　^{zāi kūn yuán}　^{wàn wù zī shēng}　^{nǎi shùn}
《彖》曰：至❸哉坤元！万物资生，乃顺

^{chéng tiān}　^{kūn hòu zài wù}　^{dé hé}　^{wú jiāng}
承天。坤厚载物，德合❹无疆。

^{xiàng}　^{yuē}　^{dì shì kūn}　^{jūn zǐ yǐ hòu dé zài wù}
《象》曰：地势坤。君子以厚德载物。

^{wén yán}　^{yuē}　^{kūn zhì róu ér dòng yě gāng}　^{zhì jìng ér dé fāng}
《文言》曰：坤至柔而动也刚，至静而德方。

注 释

❶坤：卦名。❷牝马：母马。❸至：极致。❹合：配合。

译 文

《坤卦》：元始，亨通，像雌马一样柔顺而守正道必然吉祥。

《象传》说：美德至厚的大地啊！万物都依赖它诞生长成，它是顺承着天道的。大地深厚，承载万物，天地相合，阴阳相生的德性广大无边。

《象传》说：广大无垠的大地包含着随顺安分的美德。君子从中悟出做人的道理，以大地之德来修养自己的品德，这样，也能像大地一样包容、承载万物。

《文言》说：大地极其柔顺，但运动却是刚健的；它安安静静地将它的美好品德流向四方。

智慧小学堂

卦象：下坤上坤，为大地绵延伸展，无边无际之象。卦德：下卦为坤为顺，上卦为坤为顺。

全卦揭示柔顺厚重的坤的发展规律。

屯卦
zhūn　guà

水雷屯
（下震上坎）

屯[1]：元亨，利贞。勿用[2]有攸往。利建侯[3]。

《彖》曰：屯，刚柔始交而难生。动乎险中，大亨贞。

《象》曰：云雷，屯。君子以经纶。

注释

❶屯：卦名，象征初生。❷勿用：不可用，不利于。❸建侯：封侯。

译文

《屯》卦：亨通到来，有利于所占问的事。不要出门远行，有利于建立诸侯。

　　《彖传》说：屯，象征着刚柔开始交感而产生的艰难，虽然它萌动于艰险之中，还是顺利而且有利的。

　　《象传》说：雷声在乌云中震动，天空正在酝酿初生的希望。君子也应有所感动而谋划天下，治理国家。

智慧小学堂

　　卦象：下震上坎，为云雷交动之象。卦德：下卦为震为动，上卦为坎为险。

　　全卦喻示"万事开头难"的事理。此卦也预示了创业虽难，但必将如新生幼芽，破土而出。

需卦

xū　guà

水天需
（下乾上坎）

需：有孚❶，光亨。贞吉，利涉大川。

《彖》曰："需"，须❷也。险在前也，刚健而不陷，其义❸不困穷矣。

《象》曰：云上乎天，需。君子以饮食宴乐。

注释

❶孚：即"俘"，俘获。此"孚"的本义是"信"的意思。❷须：等待。❸义：宜。

译文

《需》卦象征着等待。又真诚守信，光明亨通。占测要做的事，渡大河有利。

《彖传》说：需，指等待。前有危险，人却能凭着刚健，避免使自己陷于危难，适宜的时候再前行就不会导致困穷之苦。

《象传》说：云在天上，这就是需卦的象征。君子应该在家饮食作乐等待天晴。

智慧小学堂

卦象：下乾上坎，为云气上集于天，待时降雨之象。卦德：下卦为乾为健，上卦为坎为顺。

全卦揭示需待以养精蓄锐之道，强调等待的重要意义。

shī guà
师 卦

地水师
（下坎上坤）

shī zhēn zhàng rén jí wú jiù
师：贞，丈人吉，无咎。

tuàn yuē shī zhòng yě zhēn zhèng yě néng yǐ zhòng
《彖》曰：师，众也；贞，正也。能以众

zhèng kě yǐ wàng yǐ
正，可以王矣。

xiàng yuē dì zhōng yǒu shuǐ shī jūn zǐ yǐ róng mín
《象》曰：地中有水，师。君子以容民

xù zhòng
畜众。

译 文

《师》卦象征军旅之事：占测行军用兵的结果是，如果是贤明的长者执掌军旅，就吉祥而无灾害。

《彖传》说：军旅，指众人所组成的军队；贞，指正道。能使众人都来归顺正道，就可以称王了。

《象传》说：地中蓄积着很多的水，这就是师卦的象征。君子取法师卦容纳和蓄养百姓。

智慧小学堂

卦象：下坎上坤，为地中有水之象。卦德：下卦为坎为险，上卦为坤为顺。

全卦阐发兴师动众、行军作战的道理。

比 卦
bǐ guà

水地比
（下坤上坎）

比：吉。原❶筮，元❷永贞，无咎。不宁
bǐ jí yuán shì yuán yǒng zhēn wú jiù bù níng

方来❸，后夫凶。
fāng lái hòu fū xiōng

《彖》曰：比，吉也；比，辅也，下顺
tuàn yuē bǐ jí yě bǐ fǔ yě xià shùn

从也。
cóng yě

《象》曰：地上有水，比。先王以建万
xiàng yuē dì shàng yǒu shuǐ bǐ xiān wáng yǐ jiàn wàn

国，亲诸侯。
guó qīn zhū hóu

注 释

❶原：初次。❷元：当为"元亨"，指大亨通。❸宁：安宁。方：
邦国。

译文

《比》卦象征着亲近和团结：吉利。卜筮其卦象，则知元统大业利于坚持正道，无有灾祸。不安宁的四方之间均来归附，后来有凶险。

《彖传》说：比卦是吉祥的，比，指辅佐，指臣子顺从君主。

《象传》说：地上有水，这就是比卦的象征。先王取法比卦建立众国，亲近诸侯。

智慧小学堂

卦象：下坤上坎，为水贴地面流之象。卦德：下卦为坤为顺，上卦为坎为险。

全卦讲述人际关系的上下左右之间"亲密比辅"的道理。

泰 卦
tài guà

地天泰
（下乾上坤）

泰：小往大来，吉，亨。

《象》曰："泰，小往大来。吉，亨"。则是天地交而万物通也，上下交而其志同也。

《象》曰：天地交❶，泰。后以财成天地之道，辅相天地之宜，以左右民。

注 释

❶天地交：泰卦下乾上坤，坤是地，乾是天，所以说"天地交"。天地相交是自然规律，君主治国宜顺应规律，所以下文说"后以财成天地之道，辅相天地之宜，以左右民"。

（译）（文）

　　《泰》卦象征和畅通泰：小的去了大的来，吉祥，亨通。

　　《彖传》说：泰，小往大来。吉，亨通。这是说天地阴阳二气相交就会万物亨通，君臣相互沟通就能心意一致。

　　《象传》说：天地阴阳二气相交，这就是泰卦的象征。君主取法泰卦，制定符合天地之道的制度，辅助百姓从事生产，以便统治百姓。

智慧小学堂

　　卦象：下乾上坤，为天地交泰之象。卦德：下卦为乾为健，上卦为坤为顺。

　　全卦揭示了自然、社会与人的阴阳和谐的基本规律。

否 卦
pǐ guà

䷋ 天地否
（下坤上乾）

pǐ　　　pǐ zhī fěi rén　　bú lì jūn zǐ zhēn　　dà wǎng xiǎo lái
否：否之匪人❶，不利君子贞，大往小来。

tuàn yuē　　nèi yīn ér wài yáng　　nèi róu ér wài gāng　　nèi
《彖》曰：内阴而外阳，内柔而外刚，内
xiǎo rén ér wài jūn zǐ　　xiǎo rén dào zhǎng　　jūn zǐ dào xiāo yě
小人而外君子，小人道长，君子道消也。

xiàng　yuē　tiān dì bù jiāo　　pǐ　　jūn zǐ yǐ jiǎn dé bì
《象》曰：天地不交，否。君子以俭德辟
nàn　　bù kě róng yǐ lù
难，不可荣以禄。

注 释

❶否：闭塞，指排斥。匪，即"非"，否定。

译 文

　　《否》卦象征天下闭塞不通：不利于君子之行，大的阳刚去了，小的阴柔来了（事业由盛转衰）。

《象传》说：阴气居内，阳气居外，柔顺者居内，刚强者居外，小人居内，君子居外。这种情况就像是小人之道在增长，君子之道在消亡。

《象传》说：天地阴阳二气不能相互交通，这就是否卦的象征。君子取法否卦，崇尚俭德，躲避祸难，不以利禄为荣。

智慧小学堂

卦象：下坤上乾，为天地不交、为上下闭塞之象。卦德：内卦为坤为顺，外卦为乾为健。

全卦揭示了如何从闭塞转化为通泰的道理。

大有卦
dà yǒu guà

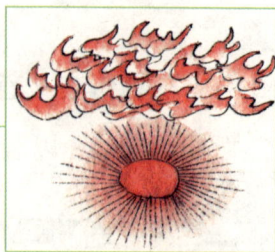

火天大有
（下乾上离）

大有：元亨。
dà yǒu　yuán hēng

《象》曰：大有，柔得尊位大中，而上下
应之，曰"大有"。

《象》曰：火在天上，"大有"。君子以遏
恶扬善，顺天休命。

译文

《大有》卦象征大有收获：事业大亨通。

《彖传》说：大有卦的象征是，阴柔赢得了尊位，秉守中道，得到众阳刚的响应，所以卦名叫"大有"。

《象传》说：火在天上，这就是大有卦的象征。君子取法大有卦遏恶扬善，顺应天道，磨炼命运。

智慧小学堂

　　卦象：下乾上离，为火在天上，照耀万物之象。卦德：下卦为乾体为健，上卦为离为火。

　　全卦讲述慎终如始的富有之道。

qiān guà
谦 卦

地山谦
（下艮上坤）

qiān hēng jūn zǐ yǒu zhōng
谦：亨。君子有终。

tuàn yuē qiān hēng tiān dào xià jì ér guāng míng dì
《彖》曰：谦，亨。天道下济而光明，地

dào bēi ér shàng xíng
道卑而上行[1]。

xiàng yuē dì zhōng yǒu shān qiān jūn zǐ yǐ póu duō yì
《象》曰：地中有山，谦。君子以裒多益

guǎ chēng wù píng shī
寡，称物平施。

注 释

[1] 上行：指地气上升。

译 文

《谦》卦象征谦虚：亨通，君子能保持谦虚最终有好结果。

《彖传》说：谦卦是亨通的。天道屈尊向下，照耀成就地上的万物；地道谦逊卑下，从而使地气得以上升。

《象传》说：地中有山，这就是谦卦的象征。君子取法谦卦取多补少，称物平分。

智慧小学堂

卦象：下艮上坤，为高山屈于卑地之下貌。卦德：下卦为艮为止，上卦为坤为顺。

全卦讲了守国守家守自身的要道——谦。

随 卦
suí *guà*

泽雷随
（下震上兑）

随：元亨，利贞，无咎。
suí *yuán hēng* *lì zhēn* *wú jiù*

《彖》曰：随，刚来而下柔，动而说，随。
tuàn *yuē* *suí* *gāng lái ér xià róu* *dòng ér yuè* *suí*

《象》曰：泽中有雷，随。君子以向晦入
xiàng *yuē* *zé zhōng yǒu léi* *suí* *jūn zǐ yǐ xiàng huì rù*

宴息。
yàn xī

译 文

《随》卦象征追随：人有元创、亨通、利物、坚守正道之美德，人都愿意随从之，无危害。

《彖传》说：随卦的象征是，君主礼遇臣子，臣子对君主的行动感到欣喜，这就是随卦。

《象传》说：大泽中有雷，这就是随卦的象征。君子取法随卦，夜来时休息。

智慧小学堂

卦象： 下震上兑，为大泽中有雷声响起之象。卦德：下卦为震为动，上卦为兑为悦。

全卦阐发了与时偕行，以正随人，不故步自封的道理。

lín guà
临 卦

地泽临
（下兑上坤）

临：元亨，利贞。至于八月有凶。

《彖》曰：临，刚浸而长。说而顺，刚中而应❶。

《象》曰：泽上有地，临。君子以教思无穷，容保民无疆。

注 释

❶刚中而应：九二是阳爻居下卦中位，和居上卦中位的六五阴爻相应。

译 文

《临》卦象征自上至下治理民众之事：大为亨通，利于坚守正道。到了阳气日衰的八月份有凶险。

《彖传》说：临卦的象征是，君子的道德逐渐增长，性情和悦，顺应天道，刚健中正，得人响应。

《象传》说：泽上有地，这就是临卦的象征。君子取法临卦不懈地教导百姓，关心百姓，包容和保护百姓。

智慧小学堂

卦象： 下兑上坤，为大地在水泽上之象。卦德：下卦为兑为悦，上卦为坤为顺。

全卦系统地阐述了管理之术和领导者应有的品质和修养。

guān 观　guà 卦

风地观
（下坤上巽）

guān guàn ér bú jiàn ❶ yǒu fú yóng ruò ❷
观：盥而不荐❶，有孚颙若❷。

tuàn yuē dà guān ❸ zài shàng shùn ér xùn zhōng zhèng
《彖》曰：大观❸在上，顺而巽，中正

yǐ guān tiān xià guān
以观天下，观。

xiàng yuē fēng xíng dì shàng guān xiān wáng yǐ xǐng fāng
《象》曰：风行地上，观。先王以省方

guān mín shè jiào
观民设教。

注 释

❶盥：祭祀前洗手，一说祭祀时用酒洒地迎神。荐：供献。❷孚：诚信。颙：虔敬的样子。❸大观：遍观。一说为众人仰观。

译 文

《观》卦象征观察：观看用酒洒地迎神，即使没看到神供献祭品，心中已充满了虔信恭敬。

《彖传》说：君主遍观下民，柔顺谦逊，观察天下时能秉守中正，这就是观卦的象征。

《象传》说：风刮在地上，这就是观卦的象征。先王取法观卦视察邦国，观察民情，设立教化。

智慧小学堂

　　卦象： 下坤上巽，为和风吹在大地上之象。卦德：下卦为坤为顺，上卦为巽为入。

　　全卦阐发用美育教化人心的道理。

fù guà
复 卦

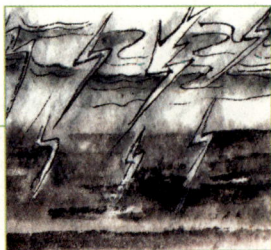

地雷复
（下震上坤）

　　fù hēng　chū rù wú jí　péng lái wú jiù　fǎn fù qí
复：亨，出入无疾，朋来无咎，反复其

dào　qī rì lái fù　　lì yǒu yōu wǎng
道，七日来复；利有攸往。

　　　　tuàn yuē fù hēng　gāng fǎn　dòng ér yǐ shùn xíng
《彖》曰：复，亨。刚反，动而以顺行。

shì yǐ　chū rù wú jí　péng lái wú jiù
是以"出入无疾，朋来无咎"。

　　　　xiàng yuē léi zài dì zhōng fù　xiān wáng yǐ zhì rì bì
《象》曰：雷在地中，复。先王以至日闭

guān shāng lǚ bù xíng　hòu bù xǐng fāng
关，商旅不行，后不省方。

译文

　　《复》卦象征阳气回复事物复兴：亨通，出入无病，朋友也都挺好，从路上往来，七天就可一个来回；前往有利。

　　《彖传》说：复卦是亨通的。君子将回归正道，顺应规律办事，所以说出入无疾，朋来无咎。

《象传》说：雷处在大地之中，这就是复卦的象征。先王取法复卦，冬至日时关闭城门，杜绝商旅出行，君主停止视察邦国。

智慧小学堂

卦象：下震上坤，为雷在地中之象。卦德：下卦为震为动，上卦为坤为顺。

全卦说明事物复兴的规律。

wú wàng guà
无妄卦

天雷无妄
（下震上乾）

无妄：元亨，利贞，其匪正有眚❶；不利有攸往。

《彖》曰：无妄，刚自外来而为主于内，动而健，刚中而应。

《象》曰：天下雷行，物与无妄。先王以茂对时育万物。

注释

❶眚：灾祸。

译 文

《无妄》卦象征不妄为：大为亨通，守持正道有利，如果不守正道，就会遭灾；前往不利。

《彖传》说：无妄卦的象征是，初九阳爻从外部进来，成为一卦之主，其动势健进，刚健中正，得居下卦之中位的阴爻响应。

《象传》说：天的下面有雷震动，万物生长，这就是无妄卦的象征。先王取法无妄卦勉力应时，养育万物。

智慧小学堂

卦象：下震上乾，为雷声动天下之象。卦德：下卦为震为动，上卦为乾为健。

全卦说明做事不可妄为及处无妄之时的原则。

坎 卦
kǎn guà

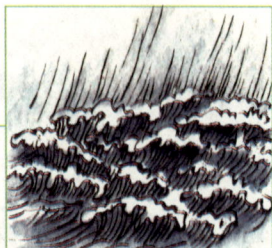

坎为水
（下坎上坎）

xí kǎn
习坎❶：有孚维心，亨。行有尚❷。
yǒu fú wéi xīn　hēng　xíng yǒu shàng

tuàn　yuē　xí kǎn　chóng xiǎn yě　shuǐ liú ér bù yíng
《彖》曰："习坎"，重险也。水流而不盈。

xíng xiǎn ér bù shī qí xìn　wéi xīn hēng　nǎi yǐ gāng zhōng yě
行险而不失其信，维心亨，乃以刚中也。

xiàng　yuē　shuǐ jiàn zhì　xí kǎn　jūn zǐ yǐ cháng dé
《象》曰：水洊至，习坎。君子以常德

xíng　xí jiào shì
行，习教事。

注 释

❶习坎：两坑重叠。习：重叠；坎：坑。❷尚：同"赏"，嘉赏。

译 文

《坎》卦象征坎险重重：用诚信维系人心，亨通，努力前行必得成功。

《象传》说：习坎，指双重坑险，水流进坑中都不能满坑。君子遇险却不失诚信，顺利地维系众人的心，这是因为他刚健中正。

《象传》说：水不断涌至，两坎相重，这就是坎卦的象征，君子取法坎卦崇尚德行，熟习政教。

智慧小学堂

卦象：下坎上坎，为两水连至之象。卦德：下卦为坎为险，上卦为坎为险。

全卦讲明了身陷于险境，处险、脱险的事理。

离 卦
lì guà

离为火
（下离上离）

离：利贞，亨，畜牝牛吉。

《彖》曰：离，丽也。日月丽乎天，百谷草木丽乎土。

《象》曰：明两作❶，离。大人以继明照于四方。

注 释

❶明两作：《离》卦下离上离，离是明，两离相重，所以说"明两作"。"明"又是日，"明两作"指太阳重复升起。太阳以光芒照彻万物，大人用明察洞悉四方，所以下文说"大人以继明照于四方"。这是说伟大的人物或优秀的人才要用可持续的光明照临四方。

译 文

《离》卦象征着附着于光明：有利于做大事，亨通，蓄养母牛可获吉祥。

《彖传》说：离，指附丽。日月附丽在天上，百谷草木附丽在地上。

《象传》说：太阳重复升起，这就是离卦的象征。大人取法离卦，用不息的明察力洞悉四方。

智慧小学堂

卦象：下离上离，为重火两明之象。卦德：下卦为离为明，上卦为离为明。

全卦阐明了人生的辉煌要有所附丽才能发展的道理。

咸 卦
xián guà

泽山咸
（下艮上兑）

咸：亨，利贞。取[1]女吉。

《彖》曰：咸，感也。柔上而刚下，二气感应以相与，止而说，男下女，是以"亨利贞，取女吉"也。

《象》曰：山上有泽，咸。君子以虚受人。

注释

[1] 取：同"娶"，迎娶。

译文

《咸》卦象征交感：亨通，有利于坚守贞正，娶妻吉祥。

《彖传》说：咸，指感应。以阴柔之美居于少男阳刚之强上，阴阳二气相互感应，相互亲和，男女情投意合，清静和悦。男亲自下到女家迎娶，所以说"亨利贞，取女吉"。

《象传》说：山上有泽，这就是咸卦的象征。君子取法咸卦虚怀纳人。

智慧小学堂

卦象：艮下兑上，为山上有泽之象。卦德：下卦为艮为止，上卦为兑为悦。

全卦揭示了阴阳交感的普遍规律。

dùn guà
遁 卦

天山遁
（下艮上乾）

遁：亨，小利贞。

《彖》曰：遁亨，遁而亨也。刚当位而
应，与时行也。

《象》曰：天下有山，遁。君子以远小
人，不恶而严。

译 文

《遁》卦象征退隐和逃避：亨通，是阴长阳消之时，有小利，但
不失正道。

《象传》说："遁卦是亨通的"，说明必先退避而后亨通。阳刚者
中正地位得当，而能与下位阴柔者相应和，这是因为他识时务。

《象传》说：天下有山，这就是遁卦的象征。君子取法遁卦远离小人，虽不显露其憎恶之情，但始终矜严自守。

智慧小学堂

卦象： 下艮上乾，为天在上，山在下之象。卦德：下卦为艮为止，上卦为乾为健。

全卦阐明了贤人能屈能伸、以退为进的智慧。

晋 卦
jìn guà

火地晋
（下坤上离）

jìn　kāng hóu yòng cì mǎ fān shù　zhòu rì sān jiē
晋：康侯用锡马蕃庶，昼日三接。

tuàn　yuē　jìn　jìn yě　míng chū dì shàng
《彖》曰：晋，进也，明出地上。

xiàng　yuē　míng chū dì shàng　jìn　jūn zǐ yǐ zì zhāo
《象》曰：明出地上，晋。君子以自昭

míng dé
明德。

（译）（文）

《晋》卦象征上进：康侯蒙受天子赏赐的车马众多，一天里多次受到接见。

《象传》说：晋，指前进。太阳升出地面。

《象传》说：太阳升出地面，这就是晋卦的象征。君子取法晋卦，自我展现美德。

智慧小学堂

　　卦象： 下坤上离，为火的光明出于地面之象。卦德：下卦为坤为顺，上卦为离为明。

　　全卦揭示了事物如日出地上"柔进而上行"的规律。

jiā rén guà
家人卦

风火家人
（下离上巽）

jiā rén　　　lì nǚ zhēn
家人：利女贞。

tuàn　yuē　　jiā rén　　nǚ zhèng wèi hū nèi　　nán zhèng wèi
《彖》曰：家人，女正位乎内，男正位

hū wài　nán nǚ zhèng　tiān dì zhī dà yì yě
乎外；男女正，天地之大义也。

xiàng　yuē　　fēng zì huǒ chū　　jiā rén　　jūn zǐ yǐ yán yǒu
《象》曰：风自火出，家人。君子以言有

wù ér xíng yǒu héng
物而行有恒。

译 文

《家人》卦象征一家人：利于女子守持正道。

《彖传》说：家人卦的象征是，女子在家居正位守正道，男子在外居正位守正道，男女各守其位，这就是天地阴阳的大义。

《象传》说：风从火中出来，这就是家人卦的象征。君子取法家人卦言之有物，恒心办事。

智慧小学堂

　　卦象：下离上巽，为风自火出之象。卦德：下卦为离为明，上卦为巽为入。

　　全卦讲了治家之道及家与社会风化之关系。

睽卦
kuí guà

火泽睽
（下兑上离）

睽：小事吉。
kuí xiǎo shì jí

《彖》曰：睽，火动而上，泽动而下。
tuàn yuē kuí huǒ dòng ér shàng zé dòng ér xià

二女同居，其志不同行。
èr nǚ tóng jū qí zhì bù tóng xíng

《象》曰：上火下泽，睽。君子以同
xiàng yuē shàng huǒ xià zé kuí jūn zǐ yǐ tóng

而异。
ér yì

译文

《睽》卦象征乖异背离：小心处事吉祥。

《彖传》说：睽卦的背离违逆的象征是，火苗朝上，泽流朝下；二女同居，心思不同。

《象传》说：上火下泽，这就是睽卦的象征。君子取法睽卦，掌握同中有异、异中有同的道理。

智慧小学堂

　　卦象：下兑上离，为泽与火互相分离之象。卦德：下卦为兑为悦，上卦为离为明。

　　全卦揭示了相互背离的事物的分合规律。

解 卦
jiě guà

雷水解
（下坎上震）

jiě　　lì xī nán　　wú suǒ wǎng　　qí lái fù jí　　yǒu yōu
解：利西南。无所往，其来复吉；有攸

wǎng　　sù❶ jí
往，夙❶吉。

tuàn yuē jiě xiǎn yǐ dòng　　dòng ér miǎn hū xiǎn　　jiě
《彖》曰：解，险以动❷，动而免乎险，解。

xiàng yuē léi yǔ zuò jiě jūn zǐ yǐ shè guò yòu zuì
《象》曰：雷雨作，解。君子以赦过宥罪。

注 释

❶夙：早。❷险以动：解卦下坎上震，震是动，坎是险，所以说"险以动"。这句话的意思是说出现险难的时候，要"解"就要靠动，就是要有作为。险而动，动而免乎险。

译 文

《解卦》象征解脱：往西南去有利；没有外出无须缓解，从外返回，吉祥；前往时，早上出去吉祥。

《象传》说：解卦的象征是，君子在危险中行动，通过行动脱险了，所以卦名叫"解"。

《象传》说：雷雨大作，这就是解卦的象征。君子取法解卦，赦免和宽容人们的过失罪恶。

智慧小学堂

卦象：下坎上震，为雷霆震动于天，坎水落地为雨之象。卦德：下卦为坎为险，上卦为震为动。

全卦说明君子如何舒解艰险及解决小人问题。

益卦
yì guà

风雷益
（下震上巽）

益：利有攸往。利涉大川。

《彖》曰："益"，损上益下，民说无疆[1]。自上下下，其道大光。

《象》曰：风雷，益。君子以见善则迁，有过则改。

注 释

[1] 无疆：无限。

译 文

《益》卦象征增益：前往有利，有利于渡大河。

《彖传》说：益卦的象征是，减损于上以补充于下，人民受益则欣喜无限。居于上位的人能自愿处于民众之下，其增益之道就能光大。

《象传》说：风和雷，这就是益卦的象征。君子取法益卦，见了善行就学习，有了过失就改正。

智慧小学堂

卦象：下震上巽，为风行迅疾则雷鸣快速之象。卦德：下卦为震为动，上卦为巽为入。

全卦论述了社会生活中损上益下和损己益人的原则。

55

升 卦

shēng guà

地风升
（下巽上坤）

shēng yuán hēng yòng jiàn dà rén wù xù nán zhēng jí
升：元亨，用见大人，勿恤，南征吉。

tuàn yuē róu yǐ shí shēng xùn ér shùn gāng zhōng ér yìng
《彖》曰：柔以时升，巽而顺，刚中而应，

shì yǐ dà hēng
是以大亨。

xiàng yuē dì zhōng shēng mù shēng jūn zǐ yǐ shùn dé
《象》曰：地中生木，升。君子以顺德，

jī xiǎo yǐ gāo dà
积小以高大。

译文

《升》卦象征上升：非常亨通、顺利。见大人有利，不用忧虑；南进征战吉祥。

《彖传》说：以柔顺之道与时俱升，谦逊而和顺，刚健中正，而又与上者相应，所以大亨通。"用见大人，勿恤"，是说如此上升将有福庆；"南征吉"，是说上升的心志可以畅行了。

《象传》说：地中生木，这就是升卦的象征。君子取法升卦顺应道德，积累微小以逐渐成就伟大的事业。

🔖**智慧小学堂**

卦象：下巽上坤，为地中生木（巽引申为木）之象。卦德：下卦为巽为入，上卦为坤为顺。

全卦揭示了优秀人才升迁的规律。

困 卦

^{kùn}困 ^{guà}卦

泽水困
（下坎上兑）

kùn hēng zhēn dà rén jí　wú jiù　　yǒu yán bú xìn
困：亨，贞大人吉，无咎。有言不信。

tuàn yuē kùn　gāng yǎn yě　xiǎn yǐ yuè　kùn ér
《彖》曰："困"，刚掩也。险以说，困而
bù shī qí suǒ hēng　qí wéi jūn zǐ hū
不失其所亨，其唯君子乎！

xiàng yuē　zé wú shuǐ　kùn　jūn zǐ yǐ zhì mìng suì zhì
《象》曰：泽无水，困。君子以致命遂志。

译文

《困》卦象征困穷：努力脱困可获亨通，坚守正道的大人可获吉
祥，无祸害；此时说什么话也不会有人信从。

《彖传》说：困卦的象征是，阳刚被掩盖而难以伸展。遇险却
能和悦应对，困顿却能不失其本色，这种亨通，大概只有君子能
得到吧。

《象传》说：泽中无水，这就是困卦的象征。君子取法困卦，不
惜舍命达成理想。

　　卦象：下坎上兑，为泽中无水之象。卦德：下卦为坎为险，上卦为兑为悦。

　　全卦揭示了君子在困境中应从容不迫、晦默守志的道理。

井 卦
jǐng guà

水风井
（下巽上坎）

井：改邑不改井，无丧无得。往来井井。汔至，亦未繘井❶，羸其瓶，凶。

《彖》曰：巽乎水而上水，井。井养而不穷也。

《象》曰：木上有水，井。君子以劳民劝相。

注 释

❶汔至，亦未繘井：即汲而将出之状。汔，几乎，即将。繘，汲井水用的绳索。

译文

《井》卦象征水井，城邑可以改移，但是水井则不能改移到其他地方，每日汲取也不见其枯竭，时时流注其中也未见其盈满。来来往往的人不断地从井中汲水。汲水时水桶升到井口尚未引出井时，若使水桶倾覆毁坏，必有凶险。

《象传》说：顺着水的特性蓄水并打上水，这就是井卦的象征。井水养人，水源不断。

《象传》说：木上有水，这就是井卦的象征。君子取法井卦，教导百姓劳作互助。

卦象：下巽上坎，为水在木（巽又引申为木）上之象。

卦德：下卦为巽为入，上卦为坎为险。

全卦揭示了人要正己修身，养人惠物，持之以恒的道理。

革 卦

gé guà

泽火革
（下离上兑）

---

gé   jǐ rì   nǎi fú   yuán hēng   lì zhēn   huǐ wáng
革：己日 ❶ 乃孚，元亨，利贞，悔亡。

tuàn   yuē   gé   shuǐ huǒ xiāng xī   èr nǚ tóng jū   qí
《彖》曰：革，水火相息，二女同居，其

zhì bù xiāng dé yuē gé
志不相得曰革。

xiàng   yuē   zé zhōng yǒu huǒ   gé   jūn zǐ yǐ zhì lì
《象》曰：泽中有火，革。君子以治历

míng shí
明时。

注 释

❶ 己日：古代以十天干记日。

译 文

《革》卦象征变革，选择最佳时日进行变革：至"己日"变革取得民众的信服，大为亨通，有利于做事，悔恨也会消逝。

《象传》说：革卦的象征是，像水与火相互冲突；又像二女同居一室，心思常常各异，这就是革卦。

《象传》说：泽中有火，这就是革卦的象征。君子取法革卦修治历法，明确时令。

智慧小学堂

卦象：下离上兑，为水火相克不相得之象。卦德：下卦为离为明，上卦为兑为悦。

全卦揭示顺天应人的变革之道。

鼎 卦
dǐng guà

火风鼎
（下巽上离）

鼎：元吉，亨。
dǐng yuán jí hēng

《彖》曰：鼎，象也。以木巽火，亨❶饪也。
tuàn yuē dǐng xiàng yě yǐ mù xùn huǒ pēng rèn yě

《象》曰：木上有火，鼎。君子以正位凝命。
xiàng yuē mù shàng yǒu huǒ dǐng jūn zǐ yǐ zhèng wèi níng mìng

注 释

❶ 亨：同"烹"。

译 文

《鼎》卦象征鼎器取新：大吉祥而亨通。

《彖传》说：鼎卦是养人的烹饪器具的形象，架起木头升起火烹饪食物。

《象传》说：木上有火，这就是鼎卦的象征。君子取法鼎卦端正职位，完成使命。

智慧小学堂

　　卦象：下巽上离。为木（巽引申为木）上有火之象。卦德：下卦为巽为入，上卦为离为明。

　　全卦揭示了正己、明德、新民的道理和人生使命。

震 卦
zhèn　guà

震为雷
（下震上震）

震：亨，震来虩虩❶，笑言哑哑❷，震惊
zhèn　hēng　　zhèn lái xì xì　　　xiào yán è è　　　zhèn jīng

百里，不丧匕鬯❸。
bǎi lǐ　　bú sàng bǐ chàng

《彖》曰：震，亨。"震来虩虩"，恐致
tuàn　yuē　zhèn　　hēng　　zhèn lái xì xì　　kǒng zhì

福也。
fú yě

《象》曰：洊雷，震。君子以恐惧修省。
xiàng　yuē　jiàn léi　zhèn　　jūn zǐ yǐ kǒng jù xiū xǐng

注释

❶震：雷声震动。虩虩：害怕的样子。❷哑哑：拟声词，笑时发出的声音。❸丧：洒落。匕：羹匙。鬯：古代的一种香酒。

译文

《震》卦象征震动、亨通，雷声震动，人们起先惶恐畏惧，后来笑语阵阵；雷声震惊百里，祭师却没有抖落羹匙里的一滴酒。

《象传》说：震卦说，亨，"震来虩虩"，是说祭师克服惊吓，就能带来福运。

《象传》说：持续地打雷，这就是震卦的象征。君子取法震卦心怀戒惧，修身自省。

智慧小学堂

卦象：下震上震，为雷霆震动之象。卦德：下卦为震为动，上卦为震为动。

全卦喻示人惶恐惧慎以免祸灾的道理。

艮卦 gèn guà

艮为山
（下艮上艮）

艮：艮其背，不获其身；行其庭，不见其
人：无咎。

《彖》曰：艮，止也。时止则止，时行则
行，动静不失其时，其道光明。

《象》曰：兼山，艮。君子以思不出其位。

译 文

《艮》卦象征当止则止：止于背后，不让私欲占据身体而妄行，好似在庭院里自如地行走四顾无人一般。没有灾害。

《彖传》说：艮，抑止之意。当止则止，当行则行，行止动静都能适时，就会前途光明。

《象传》说：两山重叠，这就是艮卦的卦象。君子取法艮卦，谋事不超出本分。

　　卦象：下艮上艮，为两山重叠之象。卦德：下卦为艮为止，上卦为艮为止。

　　全卦喻示了"止"义的精髓：抑邪恶、守本分、止于正道。

渐 卦
jiàn guà

☷ 风山渐
（下艮上巽）

jiàn　nǚ guī　jí　lì zhēn
渐：女归❶吉，利贞。

tuàn　yuē　jiàn zhī jìn yě　nǚ guī jí yě　jìn dé wèi
《彖》曰：渐之进也。女归吉也，进得位，
wǎng yǒu gōng yě
往有功也。

xiàng　yuē　shān shàng yǒu mù　jiàn　jūn zǐ yǐ jū xián dé
《象》曰：山上有木，渐。君子以居贤德
shàn sú
善俗。

注 释

❶归：嫁。

译 文

《渐》卦象征渐进：女子出嫁按礼逐步进行，吉祥，利于坚守正道。

《象传》说：渐，指渐进。"女归吉"，是说君子会逐渐获得地位，前往有收获。

《象传》说：山上有木，这就是渐卦的象征。君子取法渐卦积累贤德，端正习俗。

智慧小学堂

卦象：下艮上巽，为山上有风之象。卦德：下卦为艮为止，上卦为巽为入。

全卦阐明循序渐进的道理。

71

fēng guà
丰 卦

雷火丰
（下离上震）

fēng hēng wáng jiǎ zhī wù yōu yí rì zhōng
丰：亨，王假❶之。勿忧，宜日中❷。

tuàn yuē fēng dà yě míng yǐ dòng gù fēng
《彖》曰：丰，大也。明以动，故丰。

xiàng yuē léi diàn jiē zhì fēng jūn zǐ yǐ zhé yù
《象》曰：雷电皆至，丰。君子以折狱

zhì xíng
致刑。

注 释

❶假：至。❷日中：正午。

译 文

《丰》卦象征盛大：亨通，君主会达到盛大亨通之境界，不用忧虑，宜保持如日中天之势。

《彖传》说：丰，象征丰大。道德光明，并能施于行动，所以能够盛大。

《象传》说：雷电交加，这就是丰卦的象征。君子取法丰卦审明案件，施用刑罚。

🔖智慧小学堂

卦象：下离上震，为电闪雷鸣之象。卦德：下卦为离为明，上卦为震为动。

全卦阐释了在丰大之时，唯有执守中道，及早对隐患采取措施才能保持丰大的道理。

巽 卦
xùn guà

☴ 风为巽
（下巽上巽）

巽：小亨，利有攸往，利见大人。
xùn xiǎo hēng lì yǒu yōu wǎng lì jiàn dà rén

《彖》曰：重巽以申命。
tuàn yuē chóng xùn yǐ shēn mìng

《象》曰：随风，巽。君子以申命行事。
xiàng yuē suí fēng xùn jūn zǐ yǐ shēn mìng xíng shì

译文

《巽》卦象征谦顺：小事亨通，前往有利，见大人有利。

《彖传》说：上下都谦顺宜于君主重申政令。

《象传》说：风随着风吹，这就是巽卦的象征。君子取法巽卦，办事时申明政令。

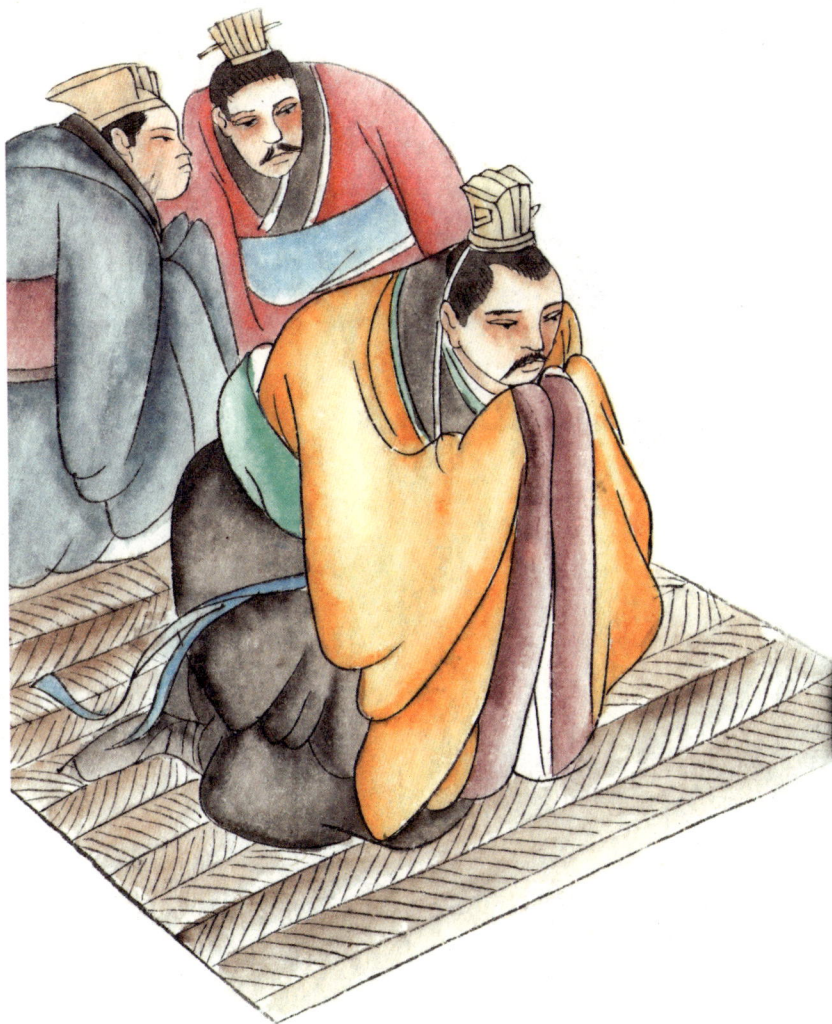

智慧小学堂

　　卦象：下巽上巽，为风相随而至之象。卦德：下卦为巽为入，上卦为巽为入。

　　全卦阐明从政发令的管理原则，只有刚柔适中才符合巽卦的精神。

兑 卦
duì　guà

兑为泽
（下兑上兑）

兑：亨，利贞。
duì　hēng　lì　zhēn

《象》曰：兑，说也❶。刚中而柔外，说
tuàn yuē duì yuè yě　gāng zhōng ér róu wài yuè

以利贞，是以顺乎天而应乎人。
yǐ lì zhēn　shì yǐ shùn hū tiān ér yìng hū rén

《象》曰：丽泽，兑。君子以朋友讲习。
xiàng yuē　lì zé duì　jūn zǐ yǐ péng yǒu jiǎng xí

注 释

❶ 说：同"悦"，和悦。

译 文

《兑》卦象征和悦：亨通，利于守持正道。

《象传》说：兑，指的是和悦。君子刚健中正于内，柔顺接物于外，把利益百姓、秉守正道当成乐事，所以君子能顺应天道，应合人情。

《象传》说：泽连着泽，互相附丽润泽，就是兑卦的象征。君子取法兑卦，和朋友们互相讲习切磋。

![智慧小学堂]

卦象： 下兑上兑，两泽相附丽之象。卦德：下卦为兑为悦，上卦为兑为悦。

全卦揭示人与人之间要和悦相处的道理。

jié　　guà
节　卦

≡≡ 水泽节
（下兑上坎）

jié　　　hēng　kǔ jié　　bù kě zhēn
节❶：亨。苦节，不可贞。

tuàn　yuē　　jié hēng　　gāng róu fēn ér gāng dé zhōng
《彖》曰："节亨。"刚柔分而刚得中。

xiàng　yuē　zé shàng yǒu shuǐ　jié　jūn zǐ yǐ zhì shù dù
《象》曰：泽上有水，节。君子以制数度，

yì dé xíng
议德行。

注 释

❶ 节：节制。

译 文

　　《节》卦象征节制：亨通，苦苦节制也是不可以的，应持正适中。

　　《彖传》说："节制可致亨通。"阳刚与阴柔均衡相分，而又刚健中正。过分节制而不能持正适中，君子就将途穷。

《象传》说：泽上有水，这就是节卦的象征。君子取法节卦订立制度，议定道德的准则。

智慧小学堂

卦象：下兑上坎，为泽上有水之象。卦德：下卦为兑为悦，上卦为坎为险。

全卦阐明自然界、社会和人的节制之道，强调"节制贵在于得中"。

图书在版编目（CIP）数据

藏在四书五经里的那些智慧：思维导图彩绘版．易经／新新世纪编．-- 五家渠：新疆生产建设兵团出版社，2022.3

ISBN 978-7-5574-1781-9

Ⅰ．① 藏… Ⅱ．① 新… Ⅲ．① 儒家 ② 四书－儿童读物 ③ 五经－儿童读物 ④《周易》－儿童读物 Ⅳ．① B222.1-49 ② Z126.1-49

中国版本图书馆 CIP 数据核字（2022）第 032759 号

责任编辑：吴秋明

藏在四书五经里的那些智慧：思维导图彩绘版．易经

出版发行	新疆生产建设兵团出版社
地　　址	新疆五家渠市迎宾路 619 号
邮　　编	831300
电　　话	0994-5677185
发　　行	0994-5677116
传　　真	0994-5677519
印　　刷	三河市双升印务有限公司
开　　本	710 毫米 ×1000 毫米　1/16
印　　张	40
字　　数	40 千字
版　　次	2022 年 3 月第 1 版
印　　次	2022 年 4 月第 1 次印刷
书　　号	ISBN 978-7-5574-1781-9
定　　价	188.00 元

新新世纪 ◎ 编

藏在 四书五经 里的

那些智慧

春秋

新疆生产建设兵团出版社

　　"四书五经"是儒家经典著作"四书"和"五经"的合称，"四书"指《大学》《中庸》《论语》《孟子》，"五经"指《诗经》《尚书》《礼记》《易经》《春秋》。它们是儒家文化的核心载体，是中华民族最为宝贵的精神财富。在我国古代，上至帝王将相，下至黎民百姓，都会以"四书五经"为根本依据去修身、齐家、治国、立德。作为现代人要想真正承继以及了解中国传统文化经典，就必须从阅读"四书五经"开始。

　　"四书五经"内容博大精深，有着深厚的文化内蕴，阅读时必须逐句逐段仔细琢磨品味。这套书将逐一介绍"四书"和"五经"，以便使读者对"四书"和"五经"的大致内容有个基本的把握。

《春秋》是我国古代史类文学作品。又称《春秋经》《麟经》或《麟史》等。后来出现了很多对《春秋》所记载的历史进行补充、解释、阐发的作品，被称为"传"。代表作品是称为"春秋三传"的《左传》《公羊传》《穀梁传》。

《春秋》用于记事的语言极为简练，然而几乎每个句子都暗含褒贬之意，被后人称为"春秋笔法""微言大义"。它是中国古代儒家典籍"六经"之一，是我国第一部编年体史书，也是周朝时期鲁国的国史，现存版本据传是由孔子修订而成。

本书精选适合当下孩子阅读的篇目，以精练生动的文字、科学简明的体例、丰富精美的图片，对儒家经典《春秋》进行了更加真实、直观、全面的解读，并将其呈现给读者，使得读者能够快速了解《春秋》中所蕴含的文化意义。

目录

春秋

《春秋》的基本信息

作者
孔子

孔子，名丘，字仲尼，春秋时鲁国人。享年73岁

成书时代
春秋

"春秋"因鲁国编年史《春秋》得名，始于平王东迁，为东周的第一个历史阶段

内容
最早的编年体史书

《春秋》是鲁国史，但也记载了当时天下演变的情况

《春秋》的内容

　　《春秋》开创了编年记史的先河，上面记载的除了政事，还有天文、鬼神、灾变等内容。

丧祭

灾害

战争

婚娶　　　　　　　会盟　　　　　　　朝聘

《春秋》的价值

→ 孔子作《春秋》，微言大义

价值一

保存了史料

→ 孔子作《春秋》保存了史料

《春秋》中蕴含了
建立稳定社会秩
序的理想 ←

价值二

**"寓王法"——提出
建立稳定的社会秩序**

"春秋笔法"对后
世产生了深远的
影响 ←

隐公

yuán nián
元年

^{huì gōng yuán fēi} ^{mèng zǐ} ^{mèng zǐ zú} ^{jì shì yǐ shēng zǐ}
惠公元妃❶孟子。孟子卒，继室以声子，
^{shēng yǐn gōng}
生隐公。

^{sòng wǔ gōng shēng zhòng zǐ} ^{zhòng zǐ shēng ér yǒu wén zài qí}
宋武公生仲子。仲子生而有文在其
^{shǒu} ^{yuē} ^{wéi lǔ fū rén} ^{gù zhòng zǐ guī yú wǒ} ^{shēng}
手，曰："为鲁夫人。"故仲子归于我❷。生
^{huáng gōng ér huì gōng hōng} ^{shì yǐ yǐn gōng lì ér fèng zhī}
桓公而惠公薨❸，是以隐公立而奉之。

注释

❶惠公：名弗湦，隐公、桓公之父。元妃：原配夫人。❷归：女子出嫁。我：指鲁国。❸薨：指周代诸侯的死。

译文

　　鲁惠公的原配夫人是孟子。孟子死后，鲁惠公娶声子为继室，生下了隐公。

鲁惠公继室声子生隐公

宋武公生了仲子。仲子出生时手上有字样说："为鲁夫人。"所以便让她出嫁鲁国。生下桓公后惠公就死了。因此隐公摄政拥立桓公为君。

yuán nián　chūn　wáng zhēng yuè　　 sān yuè 　gōng jí zhū lóu
元年，春，王正月❶。三月，公及邾娄

yí fǔ méng yú miè
仪父盟于眛❷。

xià 　 wǔ yuè 　 zhèng bó kè duàn yú yān
夏，五月，郑伯克段于鄢❸。

qiū 　 qī yuè 　 tiān wáng shǐ zǎi xuān lái guī huì gōng 　 zhòng zǐ
秋，七月，天王使宰咺来归惠公、仲子

zhī fèng 　 jiǔ yuè 　 jí sòng rén méng yú sù
之赗❹。九月，及宋人盟于宿❺。

dōng 　 shí yòu èr yuè 　 zhài bó 　 lái 　 gōng zǐ yì shī 　 zú
冬，十有二月，祭伯来❻。公子益师❼卒。

9

注 释

❶王正月：周历的正月。❷邾：诸侯国名，在今山东邹城南。仪父：邾君的字。眜：地名，在今山东泗水东南。❸郑伯：郑庄公。段：共叔段，郑伯的同母弟。鄢：在今河南鄢陵县北。❹天王：指周平王。赗：助丧之物。❺宿：国名，在今山东东平县东南。❻祭伯：封地在祭的大夫。❼公子益师：鲁孝公的儿子。

译 文

鲁隐公元年（前722）春，周历正月。三月，隐公和邾仪父在眜地结盟。

夏季五月，郑伯在鄢地击败共叔段。

秋季七月，周平王派宰咺来赠送惠公、仲子的助丧之物。九月，鲁国与宋国在宿地结盟。

冬季十二月，祭伯来到鲁国。公子益师去世。

liù nián
六 年

liù nián   chūn   zhèng rén lái shū píng
六年，春，郑人来输平。

xià   wǔ yuè   xīn yǒu   gōng huì qí hóu méng yú ài ❶
夏，五月，辛酉，公会齐侯盟于艾❶。

qiū   qī yuè
秋，七月。

10

dōng　　sòng rén qǔ cháng gě
冬，宋人取长葛。

注释

❶艾：地名，在今山东新泰市西北。

译文

鲁隐公六年（前717）春，郑国派人来破坏和议之约。

夏季五月辛酉日，隐公和齐侯在艾地结盟。

秋季七月，无事。

冬季，宋人夺取了长葛。

qī nián
七年

qī nián　　 chūn　　 wáng sān yuè　　 shū jǐ guī yú jì　　 téng　 hóu zú
七年，春，王三月，叔姬归于纪。滕❶侯卒。

xià　　 chéng zhōng qiū　　　 qí hóu shǐ qí dì nián lái pìn
夏，城中丘❷。齐侯使其弟年来聘❸。

qiū　　 gōng fá zhū lóu
秋，公伐邾娄。

dōng　　 tiān wáng shǐ fán bó lái pìn　　 róng fá fán bó yú chǔ qiū
冬，天王使凡伯来聘。戎伐凡伯于楚丘❹

yǐ guī
以归。

齐侯派其弟来鲁国访问

注释

❶滕：国名，在今山东滕州市西南。❷中丘：地名，在今山东临沂东北。❸聘：访问。❹楚丘：卫地。

译文

鲁隐公七年（前716）春，周历三月，叔姬嫁到纪国。滕侯去世。

夏季，修筑中丘城墙。齐侯派其弟来鲁国访问。

秋季，隐公讨伐邾国。

冬季，周王命令凡伯来鲁国访问。凡伯返回周朝时在楚丘被戎人捉住。

shí nián 十年

shí nián　　chūn　wáng èr yuè　　gōng huì qí hóu　zhèng bó yú
十年，春，王二月，公会齐侯、郑伯于

zhōng qiū
中丘。

xià　　huī shuài shī huì qí rén　　zhèng rén fá sòng　　liù yuè　　rén
夏，翚帅师会齐人、郑人伐宋。六月，壬

xū　gōng bài sòng shī yú jiān　　xīn wèi　　qǔ gào　　xīn sì　　qǔ fáng
戌，公败宋师于菅❶。辛未，取郜❷。辛巳，取防。

qiū　　sòng rén　　wèi rén rù zhèng　　sòng rén　　cài rén　　wèi
秋，宋人、卫人入郑。宋人、蔡人、卫

rén fá zài　　zhèng bó fá qǔ zhī
人伐载❸。郑伯伐取之。

dōng　　shí yuè　　rén wǔ　　qí rén　　zhèng rén rù shèng
冬，十月，壬午，齐人、郑人入盛。

注　释

❶菅：地名，大约在今山东单县北。❷郜：地名，在今山东武城东南。
❸载：地名，在今河南民权县东。

译　文

鲁隐公十年（前713）春，周历二月，隐公在中丘会见齐侯、郑伯。
夏季，鲁大夫公子翚率军联合齐军、郑军一起讨伐宋国。六月

隐公在中丘会见齐侯、郑伯

壬戌日，在营地打败宋国。辛未日，攻取了郜地。辛巳日，攻取了防地。

秋季，宋、卫两国的军队进入郑国。宋国、蔡国、卫国一起讨伐戴国。郑伯伐取了戴国。

冬季十月壬午日，齐人、郑人攻入盛国。

shí yī nián
十一年

shí yòu yī nián　　chūn　　téng hóu　　xuē　hóu lái cháo
十有一年，春，滕侯、薛❶侯来朝。

xià　　wǔ yuè　　gōng huì zhèng bó yú qí lí
夏，五月，公会郑伯于祁黎。

秋，七月，壬午，公及齐侯、郑伯入许❷。

冬，十有一月，壬辰，公薨。

注释

❶薛：国名，在今山东滕州南。 ❷许：国名，故城在今河南许昌东。

译文

鲁隐公十一年（前712）春，滕侯、薛侯前来朝见。

夏季五月，隐公在祁黎会见郑伯。

秋季七月壬午日，隐公和齐侯、郑伯攻入许国。

冬季十一月壬辰日，鲁隐公去世了。

滕侯、薛侯来鲁国朝见

庄 公

bā nián
八年

bā nián chūn wáng zhēng yuè shī cì yú láng yǐ sì chén
八年，春，王正月，师次于郎，以俟陈

rén cài rén jiǎ wǔ cí bīng
人、蔡人。甲午，祠兵。

xià shī jí qí shī wéi chéng chéng xiáng yú qí shī
夏，师及齐师围成，成 降于齐师。

qiū shī huán
秋，师还。

dōng shí yòu yī yuè guǐ wèi qí wú zhī shì qí jūn zhū ér
冬，十有一月，癸未，齐无知弑其君诸儿。

译文

鲁庄公八年（前686）春，周历正月，鲁军驻扎在郎地，在那里等待陈国、蔡国的军队。甲午日，举行祠兵之礼。

夏季，鲁军和齐军围困成国，成国向齐军投降。

秋季，鲁军回国。

冬季十一月癸未日，齐公子无知杀死其君主诸儿。

九年
jiǔ nián

九年，春，齐人杀无知。公及齐大夫盟于暨❶。

夏，公伐齐，纳纠。齐小白入于齐。

秋，七月，丁酉，葬齐襄公。八月，庚申，及齐师战于乾时❷，我师败绩。九月，齐人取子纠杀之。

冬，浚洙。

注释

❶暨：地名，在今山东。❷乾时：地名，在今山东博兴南。

译文

鲁庄公九年（前685）春，齐人杀死无知，庄公与齐大夫在暨邑结盟。

夏季，庄公讨伐齐国，为了送公子纠回国即位。齐公子小白回到齐国。

秋七月丁酉日，安葬齐襄公。八月庚申日，与齐军在乾时开战，我师大败。九月，齐人求取公子纠并杀了他。

这年冬天，控深洙水。

十年

十年，春，王正月，公败齐师于长勺[1]。

二月，公侵宋。三月，宋人迁宿。

夏，六月，齐师、宋师次于郎。公败宋师于乘丘。

秋，九月，荆败蔡师于莘，以蔡侯献舞归。

冬，十月，齐师灭谭，谭子奔莒。

注释

[1] 长勺：地名，在今山东曲阜北。

译文

鲁庄公十年（前684）春，周历正月，庄公在长勺大败齐军。二月，庄公侵犯宋国。三月，宋国把宿地的百姓迁走。

夏六月，齐军、宋军驻扎在郎地。庄公在乘丘打败宋军。

秋九月，楚军在莘地打败蔡军，俘获蔡侯献舞回国。

冬十月，齐军灭掉谭国，谭国国君出奔到莒国。

十一年
shí yī nián

十有一年，春，王正月。

夏，五月，戊寅，公败宋师于鄑❶。

秋，宋大水。

冬，王姬归于齐。

秋季，宋国发生大水灾

鲁庄公十一年（前683）春，周历正月。

夏五月戊寅日，庄公在鄑地打败宋军。

秋季，宋国发生大水灾。

冬季，王姬嫁到齐国。

shí èr nián

十二年

shí yòu èr nián　　chūn　　wáng sān yuè　　　jì shū jǐ guī yú xī

十有二年，春，王三月，纪叔姬归于酅。

xià　　sì yuè

夏，四月。

南宫万杀死宋国君主接与大夫仇牧

qiū bā yuè jiǎ wǔ sòng wàn shì qí jūn jiē jí qí dà
秋，八月，甲午，宋万弑其君接，及其大

fū qiú mù
夫仇牧。

dōng shí yuè sòng wàn chū bēn chén
冬，十月，宋万出奔陈。

译 文

鲁庄公十二年（前682）春，周历三月，纪叔姬投奔酅地。

夏四月，无事。

秋八月甲午日，宋国大夫南宫万杀死宋国君主接与大夫仇牧。

冬十月，南宫万出奔到陈国。

shí sān nián
十三年

shí yòu sān nián chūn qí hóu sòng rén chén rén cài
十有三年，春，齐侯、宋人、陈人、蔡

rén zhū lóu rén huì yú běi xìng ❶
人、邾娄人会于北杏❶。

xià liù yuè qí rén miè suì ❷
夏，六月，齐人灭遂❷。

qiū qī yuè
秋，七月。

dōng gōng huì qí hóu méng yú kē ❸
冬，公会齐侯，盟于柯❸。

注 **释**

❶北杏：地名，在今山东东阿县。❷遂：国名，在今山东宁阳县西北。❸柯：地名，在今山东阳谷西北。

译 **文**

鲁庄公十三年（前681）春，齐、宋、陈、蔡、邾五国君主在北杏相会。

夏六月，齐人灭掉遂国。

秋七月，无事。

冬季，庄公会见齐侯，并在柯地结盟。

shí sì nián
十四年

shí yòu sì nián   chūn   qí rén   chén rén   cáo rén fá sòng
十有四年，春，齐人、陈人、曹人伐宋。

xià   shàn bó huì fá sòng
夏，单伯会伐宋。

qiū   qī yuè   jīng rù cài
秋，七月，荆入蔡。

dōng   shàn bó huì qí hóu   sòng gōng   wèi hóu   zhèng bó yú juàn
冬，单伯会齐侯、宋公、卫侯、郑伯于鄄❶。

楚军进入蔡国

注 释

❶鄄：地名，在今山东鄄城西北。

译 文

鲁庄公十四年（前680）春，齐、陈、曹三国讨伐宋国。

这年夏天，单伯带兵与三国一起伐宋。

秋七月，楚军进入蔡国。

冬季，单伯在鄄地会见齐侯、宋公、卫侯、郑伯。

èr shí èr nián
二十二年

èr shí yòu èr nián chūn wáng zhēng yuè sì dà shěng
二十有二年，春，王 正月，肆大省❶。

guǐ chǒu zàng wǒ xiǎo jūn wén jiāng chén rén shā qí gōng zǐ yù kòu
癸丑，葬我小君文姜。陈人杀其公子御寇。

xià wǔ yuè
夏，五月。

qiū qī yuè bǐng shēn jí qí gāo xī méng yú fáng
秋，七月，丙申，及齐高傒盟于防。

dōng gōng rú qí nà bì
冬，公如齐纳币❷。

庄公到齐国纳聘礼

注 释

❶肆大省：指大赦。 ❷纳币：指订婚时向女家纳聘礼。

译 文

　　鲁庄公二十二年（前672）春，周历正月，宣布大赦。癸丑日，为小君文姜举行葬礼。陈人杀其太子御寇。

　　夏季五月，无事。

　　秋季七月丙申日，庄公与齐国的高傒在防地订立盟约。

　　冬季，庄公到齐国纳聘礼。

èr shí sān nián
二十三年

èr shí yòu sān nián   chūn   gōng zhì zì qí   zhài shū lái pìn
二十有三年，春，公至自齐。祭叔来聘。

xià   gōng rú qí guān shè   gōng zhì zì qí   jīng rén lái
夏，公如齐观社❶。公至自齐。荆人来

pìn   gōng jí qí hóu yù yú gǔ   xiāo shū cháo gōng
聘。公及齐侯遇于穀。萧叔朝公。

qiū   dān huán gōng yíng
秋，丹桓宫楹❷。

dōng   shí yòu yī yuè   cáo bó yè gū zú   shí yòu èr yuè
冬，十有一月，曹伯射姑卒。十有二月，

jiǎ yín   gōng huì qí hóu méng yú hù
甲寅，公会齐侯盟于扈。

注 释

❶社：祭祀社神。 ❷楹：柱子。

译 文

　　鲁庄公二十三年（前671）春，庄公从齐国返回。祭叔来鲁国访问。

　　夏季，庄公到齐国去观看祭祀社神的仪式。庄公从齐国返回。楚人来鲁国访问。庄公与齐侯在穀地相遇。萧叔来鲁国朝见庄公。

　　秋季，以红漆涂饰鲁桓公的庙柱。

　　冬季十一月，曹伯射姑去世了。十二月甲寅日，庄公在扈地与齐侯结盟。

萧叔来鲁国朝见庄公

春秋

庄公从讨伐戎人的战场上返回鲁国

èr shí liù nián
二十六年

èr shí yòu liù nián　　gōng fá róng
二十有六年，公伐戎。

xià　　gōng zhì zì fá róng　　cáo shā qí dà fū
夏，公至自伐戎。曹杀其大夫。

qiū　　gōng huì sòng rén　　qí rén fá xú
秋，公会宋人、齐人伐徐。

dōng　　shí yòu èr yuè　　guǐ hài　　shuò　　rì yǒu shí zhī
冬，十有二月，癸亥，朔，日有食之。

译 文

鲁庄公二十六年（前668）春，庄公讨伐戎人。

夏季，庄公从讨伐戎人的战场上返回鲁国。曹人杀死自己的大夫。

秋季，庄公与宋国、齐国一起讨伐徐国。

冬季十二月癸亥日，初一，有日食。

èr shí qī nián
二十七年

èr shí yòu qī nián chūn gōng huì qǐ bó jī yú táo

二十有七年，春，公会杞伯姬于洮[1]。

xià liù yuè gōng huì qí hóu sòng gōng chén hóu zhèng

夏，六月，公会齐侯、宋公、陈侯、郑

bó tóng méng yú yōu

伯同盟于幽。

qiū gōng zǐ yǒu rú chén zàng yuán zhòng

秋，公子友如陈葬原仲。

dōng qǐ bó jī lái jǔ qìng lái nì shū jī qǐ bó lái

冬，杞伯姬来[2]。莒庆来逆叔姬。杞伯来

cháo gōng huì qí hóu yú chéng pú

朝。公会齐侯于城濮。

注 释

[1]洮：鲁地名。[2]来：指女子出嫁后返回娘家，探问父母安好。

译文

鲁庄公二十七年（前667）春，庄公与杞伯姬在洮地相会。

夏季六月，庄公会见齐侯、宋公、陈侯、郑伯，并在幽地结盟。

秋季，公子友前往陈国，参加陈国大夫原仲的葬礼。

冬季，杞伯姬来鲁国探亲。莒庆来鲁国迎娶叔姬。杞伯来鲁国朝见。庄公在城濮会见齐侯。

三十二年

三十有二年，春，城小榖。

夏，宋公、齐侯遇于梁丘。

秋，七月，癸巳，公子牙卒。八月，癸亥，公薨于路寝❶。

冬，十月，己未，子般卒。公子庆父如齐。

狄伐邢。

注释

❶路寝：正寝。

译 文

鲁庄公三十二年（前662）春，鲁国帮助齐国修葺小榖城。

夏季，宋公、齐侯在梁丘相遇。

秋季七月癸巳日，公子牙死了。八月癸亥日，庄公在正寝薨没。

冬季十月己未日，子般去世了。公子庆父去了齐国。狄人攻伐邢国。

宋公、齐侯在梁丘相遇

宣公

元年

元年，春，王正月，公即位。公子遂如齐逆女。三月，遂以夫人妇姜至自齐。

夏，季孙行父如齐。晋放其大夫胥甲父于卫。公会齐侯于平州。公子遂如齐。六月，齐人取济西田。

秋，邾娄子来朝。楚子、郑人侵陈，遂侵宋。晋赵盾帅师救陈。宋公、陈侯、卫侯、曹伯会晋师斐林，伐郑。

冬，晋赵穿帅师侵柳。晋人、宋人伐郑。

译文

鲁宣公元年（前608）春，周历正月，宣公即位。公子遂前往齐国为宣公迎娶夫人。三月，公子遂从齐国迎回夫人妇姜。

夏季，季孙行父出使去了齐国。晋国将其大夫胥甲父放逐到卫国。宣公在平州会见齐侯。公子遂出使去了齐国。六月，齐人夺取济西田。

秋季，郑娄子来鲁国朝见。楚子、郑人侵犯陈国，继而侵犯宋国。晋卿赵盾率军援救陈国。宋公、陈侯、卫侯、曹伯在斐林与晋军会合，一起讨伐郑国。

冬季，晋国大夫赵穿率军侵犯柳邑。晋人、宋人讨伐郑国。

秋季，郑娄子来鲁国朝见

二年
èr nián

二年，春，王二月，壬子，宋华元帅师，及郑公子归生帅师，战于大棘。宋师败绩，获宋华元。秦师伐晋。

夏，晋人、宋人、卫人、陈人侵郑。

秋，九月，乙丑，晋赵盾弑其君夷獳。

冬，十月，乙亥，天王崩。

译文

鲁宣公二年（前607）春，周历二月壬子，宋国华元率军与郑国公子归生的军队大战于大棘。宋军溃败，郑国俘获华元。秦军进攻晋国。

夏季，晋人、宋人、卫人、陈人侵犯郑国。

秋季九月乙丑日，晋卿赵盾杀死其君夷獳（晋灵公）。

冬季十月乙亥日，天王（周匡王）驾崩。

四年
sì nián

四年，春，王正月，公及齐侯平莒及
郯，莒人不肯。公伐莒，取向。秦伯稻卒。

夏，六月，乙酉，郑公子归生弑其君夷。

赤狄侵齐。

秋季，宣公前往齐国

qiū gōng rú qí gōng zhì zì qí
秋，公如齐。公至自齐。

dōng chǔ zǐ fá zhèng
冬，楚子伐郑。

译 文

鲁宣公四年（前605）春，周历正月，宣公与齐侯调解莒国与郯国之间的纷争。莒国不接受调解，宣公讨伐莒国，夺得向邑。秦伯稻去世了。

夏季六月乙酉日，郑国公子归生杀死了他的国君夷。赤狄侵犯齐国。

秋季，宣公前往齐国。宣公从齐国归来。

冬季，楚子讨伐郑国。

shí qī nián
十七年

shí yòu qī nián chūn wáng zhēng yuè gēng zǐ xǔ nán xī
十有七年，春，王正月，庚子，许男锡

wǒ zú dīng wèi cài hóu shēn zú
我卒。丁未，蔡侯申卒。

xià zàng xǔ zhāo gōng zàng cài wén gōng liù yuè guǐ mǎo
夏，葬许昭公。葬蔡文公。六月，癸卯，

rì yǒu shí zhī jǐ wèi gōng huì jìn hóu wèi hóu cáo bó zhū
日有食之。己未，公会晋侯、卫侯、曹伯、邾

lóu zǐ tóng méng yú duàn dào
娄子同盟于断道。

宣公在断道与晋侯、卫侯、曹伯、邾娄子相会，并订立盟约

<ruby>秋<rt>qiū</rt></ruby>，<ruby>公<rt>gōng</rt></ruby><ruby>至<rt>zhì</rt></ruby><ruby>自<rt>zì</rt></ruby><ruby>会<rt>huì</rt></ruby>。

<ruby>冬<rt>dōng</rt></ruby>，<ruby>十<rt>shí</rt></ruby><ruby>有<rt>yòu</rt></ruby><ruby>一<rt>yī</rt></ruby><ruby>月<rt>yuè</rt></ruby>，<ruby>壬<rt>rén</rt></ruby><ruby>午<rt>wǔ</rt></ruby>，<ruby>公<rt>gōng</rt></ruby><ruby>弟<rt>dì</rt></ruby><ruby>叔<rt>shū</rt></ruby><ruby>肸<rt>xī</rt></ruby><ruby>卒<rt>zú</rt></ruby>。

译 文

鲁宣公十七年（前592）春，周历正月庚子日，许国的君主锡我去世了。丁未日，蔡侯申去世了。

夏季，安葬许昭公。安葬蔡文公。六月癸卯日，有日食。己未日，宣公在断道与晋侯、卫侯、曹伯、邾娄子相会，并订立盟约。

秋季，宣公自断道会盟回国。

冬季十一月壬午日，宣公弟弟叔肸去世了。

十八年
shí bā nián

十有八年，春，晋侯、卫世子臧伐齐。
shí yòu bā nián　chūn　jìn hóu　wèi shì zǐ zāng fá qí

公伐杞。
gōng fá qǐ

夏，四月。
xià　sì yuè

秋，七月，邾人戕❶鄫子于鄫。甲戌，楚
qiū　qī yuè　zhū rén qiāng　zēng zǐ yú zēng　jiǎ xū　chǔ

子旅卒。公孙归父如晋。
zǐ lǚ zú　gōng sūn guī fù rú jìn

晋侯、卫世子臧联合讨伐齐国

dōng　　shí yuè　　rén xū　　gōng hōng yú lù qǐn　　guī fù huán

冬，十月，壬戌，公薨于路寝。归父还

zì jìn　　zhì chēng　　suì bēn qí

自晋，至柽。遂奔齐。

注 释

❶薨：杀害。

译 文

　　鲁宣公十八年（前591）春，晋侯、卫世子臧联合讨伐齐国。宣公进攻杞国。

　　夏季四月，无事。

　　秋季七月，邾娄人在鄫国杀死鄫国君主鄫子。甲戌日，楚子旅去世了。公孙归父出使去了晋国。

　　冬季十月壬戌日，宣公薨于路寝。归父自晋国回国，到达柽地。接着奔往齐国。

成 公

元年
yuán nián

元年，春，王正月，公即位。二月，辛
酉，葬我君宣公。无冰。三月，作丘甲。

夏，臧孙许及晋侯盟于赤棘。

秋，王师败绩于贸戎。

冬，十月。

译文

　　鲁成公元年（前590）春，周历正月，成公（宣公之子）即位。二月辛酉日，为鲁宣公举行葬礼。没有结冰。三月，命令丘民制作铠甲。

　　夏季，臧孙许与晋侯在赤棘结盟。

　　秋季，周王的军队在贸戎被击败了。

　　冬季十月，无事。

二年

二年，春，齐侯伐我北鄙。

夏，四月，丙戌，卫孙良夫帅师及齐师战于新筑，卫师败绩。六月，癸酉，季孙行父、臧孙许、叔孙侨如、公孙婴齐帅师，会晋郤克、卫孙良夫、曹公子手，及齐侯战于鞌，齐师败绩。

秋，七月，齐侯使国佐如师。己酉，及国佐盟于袁娄。八月，壬午，宋公鲍卒。庚寅，卫侯邀卒。取汶阳田。

冬，楚师、郑师侵卫。十有一月，公会楚公子婴齐于蜀。丙申，公及楚人、秦人、宋人、陈人、卫人、郑人、齐人、曹人、邾娄人、薛人、鄫人盟于蜀。

译文

鲁成公二年（前589）春，齐侯侵犯鲁国北部边境。

夏季，四月，丙戌日，卫国上卿孙良夫率军与齐军在新筑交战，卫军溃败。六月，癸酉日，季孙行父、臧孙许、叔孙侨如、公孙婴齐率军，会同晋国郤克、卫国孙良夫、曹国公子手，与齐侯在鞌地交战，齐师大败。

秋季，七月，齐侯派国佐前往军营。己酉日，诸侯与国佐在袁娄结盟。八月，壬午日，宋公鲍去世了。庚寅日，卫侯邀去世了。鲁军夺取汶阳田。

冬季，楚军和郑军侵犯卫国。十一月，成公与楚公子婴齐在蜀地相会。丙申日，成公与楚人、秦人、宋人、陈人、卫人、郑人、齐人、曹人、邾娄人、薛人、鄫人在蜀地结盟。

齐侯侵犯鲁国北部边境

三年

三年，春，王正月，公会晋侯、宋公、卫侯、曹伯伐郑。辛亥，葬卫缪公。二月，公至自伐郑。甲子，新宫灾。三日哭。乙亥，葬宋文公。

夏，公如晋。郑公子去疾帅师伐许。公至自晋。

秋，叔孙侨如帅师围棘。大雩。晋郤克、卫孙良夫伐将咎如。

冬，十有一月，晋侯使荀庚来聘。卫侯使孙良夫来聘。丙午，及荀庚盟。丁未，及孙良夫盟。郑伐许。

译 文

鲁成公三年（前588）春，周历正月，成公会同晋侯、宋公、卫侯、曹伯讨伐郑国。辛亥日，安葬卫缪公。二月，成公从伐郑战场返回。甲子日，宣公庙失火。成公和大臣们大哭三日。乙亥日，安葬宋文公。

夏季，成公前往晋国。郑公子去疾率军攻伐许国。成公由晋国返回。

秋季，叔孙侨如率军围困棘邑。举行盛大的祈雨仪式。晋国郤克、卫国孙良夫讨伐将咎如。

冬季十一月，晋侯派荀庚来鲁国访问。卫侯派孙良夫来鲁国访问。丙午日，成公与荀庚结盟。丁未日，成公与孙良夫结盟。郑国讨伐许国。

sì nián
四年

sì nián chūn　sòng gōng shǐ huà yuán lái pìn　sān yuè　rén
四年，春，宋公使华元来聘。三月，壬
shēn　zhèng bó jiān zú　qǐ bó lái cháo
申，郑伯坚卒。杞伯来朝。

xià　sì yuè　jiǎ yín　zāng sūn xǔ zú　gōng rú jìn　zàng
夏，四月，甲寅，臧孙许卒。公如晋。葬
zhèng xiāng gōng
郑襄公。

qiū　gōng zhì zì jìn
秋，公至自晋。

dōng　chéng yùn　zhèng bó fá xǔ
冬，城运。郑伯伐许。

译 文

　　鲁成公四年（前587）春，宋公派华元来鲁国访问。三月壬申日，郑伯坚去世了。杞伯来鲁国朝见。

　　夏四月甲寅日，臧孙许去世了。成公前往晋国。安葬郑襄公。

　　秋季，成公自晋国回国。

　　冬季，修筑运邑的城墙。郑伯讨伐许国。

wǔ nián

五 年

　　五年，春，王正月，杞叔姬来归。仲孙蔑如宋。

　　夏，叔孙侨如会晋荀秀于穀。梁山崩。

　　秋，大水。

　　冬，十有一月，己酉，天王崩。十有二月，己丑，公会晋侯、齐侯、宋公、卫侯、郑伯、曹伯、邾娄子、杞伯，同盟于虫牢。

译 文

鲁成公五年（前586）春，周历正月，杞叔姬被休弃，回到鲁国。仲孙蔑出使去了宋国。

夏季，叔孙侨如在穀地会见晋国荀秀。梁山发生崩塌。

秋季，发生大水灾。

冬季十一月己酉日，天王（周定王）驾崩。十二月己丑日，成公会见晋侯、齐侯、宋公、卫侯、郑伯、曹伯、邾娄子、杞伯，在虫牢之地结盟。

六 年
liù nián

liù nián chūn wáng zhēng yuè gōng zhì zì huì èr yuè
六年，春，王正月，公至自会。二月，

xīn sì lì wǔ gōng qǔ zhuān wèi sūn liáng fū shuài shī qīn sòng
辛巳，立武宫❶。取专。卫孙良夫帅师侵宋。

xià liù yuè zhū lóu zǐ lái cháo gōng sūn yīng qí rú jìn
夏，六月，邾娄子来朝。公孙婴齐如晋。

rén shēn zhèng bó fèi zú
壬申，郑伯费卒。

qiū zhòng sūn miè shū sūn qiáo rú shuài shī qīn sòng chǔ gōng
秋，仲孙蔑、叔孙侨如帅师侵宋。楚公

zǐ yīng qí shuài shī fá zhèng
子婴齐帅师伐郑。

楚国公子婴齐率军伐郑

<ruby>冬<rt>dōng</rt></ruby>，<ruby>季<rt>jì</rt></ruby><ruby>孙<rt>sūn</rt></ruby><ruby>行<rt>xíng</rt></ruby><ruby>父<rt>fǔ</rt></ruby><ruby>如<rt>rú</rt></ruby><ruby>晋<rt>jìn</rt></ruby>。<ruby>晋<rt>jìn</rt></ruby><ruby>栾<rt>luán</rt></ruby><ruby>书<rt>shū</rt></ruby><ruby>帅<rt>shuài</rt></ruby><ruby>师<rt>shī</rt></ruby><ruby>救<rt>jiù</rt></ruby><ruby>郑<rt>zhèng</rt></ruby>。

注 释

❶立武宫：为鞌之战所建的建筑，用来炫耀武功。

译 文

　　鲁成公六年（前585）春，周历正月，成公自虫牢之会回国。二月辛巳日，建造武宫。夺取专邑。卫国孙良夫率军侵犯宋国。

　　夏季六月，邾国君主来鲁国朝见。公孙婴齐出使去了晋国。壬申日，郑伯费（郑悼公）去世了。

　　秋季，仲孙蔑、叔孙侨如率军侵入宋国。楚国公子婴齐率军伐郑。

　　冬季，季孙行父前往晋国。晋国栾书率军援救郑国。

qī nián
七年

七年，春，王正月，鼷鼠食郊牛角，改
卜牛，鼷鼠又食其角，乃免牛。吴伐郯。

夏，五月，曹伯来朝。不郊，犹三望。

秋，楚公子婴齐帅师伐郑。公会晋侯、
齐侯、宋公、卫侯、曹伯、莒子、邾娄子、杞
伯救郑。八月，戊辰，同盟于马陵。公至自
会。吴入州来。

冬，大雩。卫孙林父出奔晋。

译 文

鲁成公七年（前584）春，周历正月，鼷鼠咬伤用来郊祭之牛的
角，所以把郊牛改换为卜牛。鼷鼠又咬伤了卜牛的角，于是舍弃这
头牛，没把它杀掉。吴国讨伐郯国。

夏季五月，曹伯来鲁国朝见。没有举行郊祭之礼，仍旧举行三

卫国卿大夫孙林父出奔到晋国

望之祭的仪式。

秋季，楚国公子婴齐率军伐郑。成公会合晋侯、齐侯、宋公、卫侯、曹伯、莒子、邾娄子、杞伯一同援救郑国。八月戊辰日，一起在马陵结盟。成公自盟会回国。吴军攻入州来国。

冬季，举行盛大的祈雨仪式。卫国卿大夫孙林父出奔到晋国。

bā nián
八 年

bā nián　　chūn　　　jìn hóu shǐ hán chuān lái yán wèn yáng zhī tián
八年，春，晋侯使韩穿来言汶阳之田，

guī zhī yú qí　　　jìn luán shū shuài shī qīn cài　　gōng sūn yīng qí rú jǔ
归之于齐。晋栾书帅师侵蔡。公孙婴齐如莒。

sòng gōng shǐ huà yuán lái pìn
宋公使华元来聘。

xià   sòng gōng shǐ gōng sūn shòu lái nà bì ❶   jìn shā qí dà
夏，宋公使公孙寿来纳币❶。晋杀其大

fū zhào tóng   zhào kuò
夫赵同、赵括。

qiū   qī yuè   tiān zǐ shǐ shào bó lái cì gōng mìng
秋，七月，天子使召伯来锡公命。

dōng   shí yuè   guǐ mǎo   qǐ shū jī zú   jìn hóu shǐ shì
冬，十月，癸卯，杞叔姬卒。晋侯使士

xiè lái pìn   shū sūn qiáo rú huì jìn shì xiè   qí rén   zhū lóu rén fá
燮来聘。叔孙侨如会晋士燮、齐人、邾娄人伐

tán   wèi rén lái yìng
郯。卫人来媵。

注 释

❶纳币：下聘礼。

译 文

　　鲁成公八年（前583）春，晋侯派韩穿来鲁国商量把汶阳之田还给齐国之事。晋国栾书率军侵犯蔡国。公孙婴齐出使去了莒国。宋公派华元来鲁国访问。

　　夏季，宋公派公孙寿来鲁国下聘礼。晋国杀死其大夫赵同、赵括。

　　秋季七月，周天子派召伯来封赐成公的爵位。

　　冬季十月癸卯日，杞叔姬去世了。晋侯派士燮来鲁国访问。叔孙侨如会合晋国士燮、齐人、邾娄人讨伐郯国。卫人送女来陪嫁。

九年

九年，春，王正月，杞伯来逆叔姬之丧以归。公会晋侯、齐侯、宋公、卫侯、郑伯、曹伯、莒子、杞伯同盟于蒲。公至自会。二月，伯姬归于宋。

夏，季孙行父如宋致女❶。晋人来媵。

秋，七月，丙子，齐侯无野卒。晋人执郑伯。晋栾书帅师伐郑。

冬，十有一月，葬齐顷公。楚公子婴齐帅师伐莒，庚申，莒溃。楚人入运。秦人、白狄伐晋。郑人围许。城中城。

注释

❶致女：女子出嫁三个月后，母国又派大夫前往聘问，称为致女。

译文

鲁成公九年（前582）春，周历正月，杞伯来鲁国迎回叔姬的灵柩。成公会见晋侯、齐侯、宋公、卫侯、郑伯、曹伯、莒子、杞伯，在蒲地结盟。成公自蒲地回国。二月，伯姬嫁到宋国。

夏季，季孙行父前去宋国送嫁妆等礼物。晋人送来女子为伯姬陪嫁。

秋季七月丙子日，齐侯无野去世了。晋人捉住郑伯。晋国栾书率军伐郑。

冬季十一月，安葬齐顷公。楚国公子婴齐率军攻伐莒国。庚申日，莒人溃散。楚人进入运地。秦人、白狄讨伐晋国。郑人围困许国。修缮都城内城。

楚国公子婴齐率军攻伐莒国

十年
shí nián

shí nián　　chūn　　wèi hóu zhī dì hēi bèi shuài shī qīn zhèng
十年，春，卫侯之弟黑背帅师侵郑。

xià　　sì yuè　　wǔ bǔ jiāo　　　bù cóng　　nǎi bù jiāo　　wǔ
夏，四月，五卜郊❶，不从，乃不郊。五

yuè　　gōng huì jìn hóu　　qí hóu　　sòng gōng　　wèi hóu　　cáo bó fá
月，公会晋侯、齐侯、宋公、卫侯、曹伯伐

秋季七月，成公前往晋国

郑_{zhèng} 。齐人来媵_{qí rén lái yìng}。丙午_{bǐng wǔ}，晋侯獳卒_{jìn hóu nòu zú}。

秋_{qiū}，七月_{qī yuè}。公如晋_{gōng rú jìn}。

注 释

❶郊：郊祭。

译 文

鲁成公十年（前581）春，卫侯的弟弟黑背率军侵犯郑国。

夏季四月，五次占卜郊祭，都不吉利，因此没有举行郊祭之礼。五月，成公会同晋侯、齐侯、宋公、卫侯、曹伯，一起讨伐郑国。齐人送女来陪嫁。丙午日，晋侯獳去世了。

秋季七月，成公前往晋国奔丧。

十六年 shí liù nián

十有六年_{shí yòu liù nián}，春_{chūn}，王正月_{wáng zhēng yuè}，雨_{yǔ}，木冰_{mù bīng}。

夏_{xià}，四月_{sì yuè}，辛未_{xīn wèi}，滕子卒_{téng zǐ zú}。郑公子喜帅_{zhèng gōng zǐ xǐ shuài}

师侵宋_{shī qīn sòng}。六月_{liù yuè}，丙寅_{bǐng yín}，朔_{shuò}，日有食之_{rì yǒu shí zhī}。晋侯使_{jìn hóu shǐ}

栾黡来乞师。甲午，晦。晋侯及楚子、郑伯战

于鄢陵，楚子、郑师败绩。楚杀其大夫公子侧。

秋，公会晋侯、齐侯、卫侯、宋华元、邾

娄人于沙随，不见公。公至自会。公会尹子、

晋侯、齐国佐、邾娄人伐郑。曹伯归自京师。

九月，晋人执季孙行父，舍❶之于招丘。

冬，十月，乙亥，叔孙侨如出奔齐。十有

二月，乙丑，季孙行父及晋郤州盟于扈。公

至自会。乙酉，刺公子偃。

注释

❶ 舍：释放。

译文

鲁成公十六年（前575）春，周历正月，下雨，树木结冰。

夏季四月辛未日，滕国君主去世了。郑国公子喜率军侵犯宋国。

六月丙寅日，初一，有日食。晋侯派栾黡来鲁国请求出兵。甲午日，白天昏暗。晋侯与楚子、郑伯在鄢陵交战。楚、郑两国军队溃败。

楚国杀死其大夫公子侧。

秋季，成公与晋侯、齐侯、卫侯、宋华元、邾娄人在沙随相会，晋侯不肯会见成公。成公自沙随之会回国。成公会合尹子、晋侯、齐国佐、邾人伐郑。曹伯自京师回国。九月，晋人逮捕季孙行父，将其囚禁在招丘。

冬季十月乙亥日，叔孙侨如出奔到齐国。十二月乙丑日，季孙行父在扈地与晋国大夫郤州结盟。成公自扈地之会回国。乙酉日，杀死公子偃。

滕国君主去世

十七年
shí qī nián

十有七年，春，卫北宫结帅师侵郑。
shí yòu qī nián chūn wèi běi gōng kuò shuài shī qīn zhèng

夏，公会尹子、单子、晋侯、齐侯、宋
xià gōng huì yǐn zǐ shàn zǐ jìn hóu qí hóu sòng

公、卫侯、曹伯、邾娄人伐郑。六月，乙酉，
gōng wèi hóu cáo bó zhū lóu rén fá zhèng liù yuè yǐ yǒu

同盟于柯陵。
tóng méng yú kē líng

秋，公至自会。齐高无咎出奔莒。九月，
qiū gōng zhì zì huì qí gāo wú jiù chū bēn jǔ jiǔ yuè

晋侯派荀罃来鲁国请求援兵

辛丑，用郊❶。晋侯使荀罃来乞师。

冬，公会单子、晋侯、宋公、卫侯、曹伯、齐人、邾娄人伐郑。十有一月，公至自伐郑。壬申，公孙婴卒于貍轸。十有二月，丁巳，朔，日有食之。邾娄子貜且卒。晋杀其大夫郤锜、郤州、郤至。楚人灭舒庸。

注 释

❶用郊：行郊祭之礼。

译 文

鲁成公十七年（前574）春，卫国卿大夫北宫结率军侵犯郑国。

夏季，成公会同尹子、单子、晋侯、齐侯、宋公、卫侯、曹伯、邾娄人一起伐郑。六月乙酉日，在柯陵结盟。

秋季，成公自柯陵之会回国。齐国高无咎出奔到莒国。九月辛丑日，行郊祭之礼。晋侯派荀罃来鲁国请求援兵。

冬季，成公会同单子、晋侯、宋公、卫侯、曹伯、齐人、邾娄人一起伐郑。十一月，成公自伐郑战场回国。壬申日，公孙婴在貍轸去世了。十二月丁巳日，初一，有日食。邾娄国君主貜且去世了。晋国杀死其大夫郤锜、郤州、郤至。楚人灭掉了舒庸国。

十八年

十有八年，春，王正月，晋杀其大夫胥童。庚申，晋弑其君州蒲。齐杀其大夫国佐。公如晋。

夏，楚子、郑伯伐宋。宋鱼石复入于彭城。公至自晋。晋侯使士匄来聘。

秋，杞伯来朝。八月，邾娄子来朝。筑鹿囿。己丑，公薨于路寝。

冬，楚人、郑人侵宋。晋侯使士彭来乞师。十有二月，仲孙蔑会晋侯、宋公、卫侯、邾娄子、齐崔杼，同盟于虚打。丁未，葬我君成公。

秋季，杞伯来鲁国朝见

译 文

　　鲁成公十八年（前573）春，周历正月，晋国杀死其大夫胥童。庚申日，晋国杀死其君主州蒲。齐国杀死其大夫国佐。成公去了晋国。

　　夏季，楚子、郑伯讨伐宋国。宋国鱼石侵入彭城。成公自晋回国。晋侯（晋悼公）派士匄来鲁国访问。

　　秋季，杞伯来鲁国朝见。八月，邾娄子来鲁国朝见。修筑鹿囿。己丑日，成公在路寝薨没。

　　冬季，楚人、郑人侵犯宋国。晋侯派士彭来鲁国请求援兵。十二月，仲孙蔑会见晋侯、宋公、卫侯、邾娄子、齐崔杼，在虚打结盟。丁未日，为鲁国国君成公举行葬礼。

哀公

yuán nián
元年

yuán nián　　chūn　　wáng zhēng yuè　　gōng jí wèi　　chǔ zǐ　　chén
元年，春，王正月，公即位。楚子、陈

hóu　　suí hóu　　xǔ nán wéi cài　　xī shǔ shí jiāo niú　　gǎi bǔ niú
侯、随侯、许男围蔡。鼷鼠食郊牛，改卜牛。

xià　　sì yuè　　xīn sì　　jiāo
夏，四月，辛巳，郊。

qiū　　qí hóu　　wèi hóu fá jìn
秋，齐侯、卫侯伐晋。

dōng　　zhòng sūn hé jì shuài shī fá zhū lóu
冬，仲孙何忌帅师伐邾娄。

译文

鲁哀公元年（前494）春，周历正月，哀公即位。楚子、陈侯、随侯、许男包围蔡国。鼷鼠咬伤郊祭之牛，改用卜牛代替郊牛。

夏季四月辛巳日，举行郊祀之礼。

秋季，齐侯、卫侯讨伐晋国。

冬季，仲孙何忌率军讨伐邾娄国。

仲孙何忌率军讨伐邾娄国

èr nián
二年

　　二年，春，王二月，季孙斯、叔孙州仇、
仲孙何忌帅师伐邾娄，取漷东田及沂西
田❶。癸巳，叔孙州仇、仲孙何忌及邾娄子
盟于句绎❷。

　　夏，四月，丙子，卫侯元卒。滕子来朝。
晋赵鞅帅师纳卫世子蒯聩于戚❸。

滕子来鲁国朝见

秋，八月，甲戌，晋赵鞅帅师及郑轩
达帅师战于栗，郑师败绩。

冬，十月，葬卫灵公。十有一月，蔡迁
于州来❹。蔡杀其大夫公子驷。

注 释

❶漷东：漷水之东。漷，即今南沙河。沂西：沂水之西。沂，即西沂河，源出山东邹城，入于泗水。❷句绎：地名，在今山东邹城东南。
❸戚：地名，在今河南濮阳北。❹州来：地名，在今安徽凤台。

译 文

鲁哀公二年（前493）春，周历二月，季孙斯、叔孙州仇、仲孙何忌率军讨伐邾娄国，攻取漷水以东的土地及沂水以西的土地。癸巳日，叔孙州仇、仲孙何忌与邾娄国君主在句绎结盟。

夏季四月丙子日，卫侯元去世了。滕子来鲁国朝见。晋国的赵鞅率军护送卫国世子蒯聩进入戚邑。

秋季八月甲戌日，晋国的赵鞅率军与郑国轩达的军队战于栗地，郑军溃败。

冬季十月，安葬卫灵公。十一月，蔡国将都城迁到州来。蔡国杀死其大夫公子驷。

三年
sān nián

三年，春，齐国夏、卫石曼姑帅师围戚。
sān nián chūn qí guó xià wèi shí màn gū shuài shī wéi qī

夏，四月，甲午，地震。五月，辛卯，桓宫、僖宫灾。季孙斯、叔孙州仇帅师城开阳。宋乐髡帅师伐曹。
xià sì yuè jiǎ wǔ dì zhèn wǔ yuè xīn mǎo huán gōng xī gōng zāi jì sūn sī shū sūn zhōu chóu shuài shī chéng kāi yáng sòng lè kūn shuài shī fá cáo

秋，七月，丙子，季孙斯卒。蔡人放其大夫公孙猎于吴。
qiū qī yuè bǐng zǐ jì sūn sī zú cài rén fàng qí dà fū gōng sūn liè yú wú

蔡国放逐自己的大夫公孙猎去了吴国

dōng shí yuè guǐ mǎo qín bó zú shū sūn zhōu chóu
冬，十月，癸卯，秦伯卒。叔孙州仇、

zhòng sūn hé jì shuài shī wéi zhū lóu
仲孙何忌帅师围邾娄。

译文

鲁哀公三年（前492）春，齐国的国夏、卫国的石曼姑率军围困戚邑。

夏季四月甲午日，发生地震。五月辛卯日，桓公庙、僖公庙发生火灾。季孙斯、叔孙州仇率军在开阳筑城。宋国的乐髡率军讨伐曹国。

秋季七月丙子日，季孙斯去世了。蔡国将自己的大夫公孙猎流放到了吴国。

冬季十月癸卯日，秦伯去世了。叔孙州仇、仲孙何忌率军包围邾娄国。

四年

四年，春，王三月，庚戌，盗弑蔡侯申。蔡公孙辰出奔吴。葬秦惠公。宋人执小邾娄子。

夏，蔡杀其大夫公孙归姓、公孙霍。晋人执戎曼子赤归于楚。城西郭。六月，辛丑，蒲社灾。

秋，八月，甲寅，滕子结卒。

冬，十有二月，葬蔡昭公。葬滕顷公。

译文

鲁哀公四年（前491）春，周历三月庚戌日，强盗杀死蔡侯申。蔡国的公孙辰逃到吴国。安葬秦惠公。宋人逮捕了小邾娄子。

夏季，蔡国杀死自己的大夫公孙归姓、公孙霍。晋国人拘捕了戎曼子赤，把他押往楚国。修缮都城西面的外城。六月辛丑日，蒲社发生火灾。

秋季八月甲寅日，滕国的君主结去世了。

冬季十二月，安葬蔡昭公。安葬滕顷公。

五年
wǔ nián

五年，春，城比。
wǔ nián　　chūn　　chéng bǐ

夏，齐侯伐宋。晋赵鞅帅师伐卫。
xià　　qí hóu fá sòng　　jìn zhào yāng shuài shī fá wèi

秋，九月，癸酉，齐侯处白卒。
qiū　　jiǔ yuè　　guǐ yǒu　　qí hóu chǔ jiù zú

冬，叔还如齐。闰月，葬齐景公。
dōng　　shū hái rú qí　　rùn yuè　　zàng qí jǐng gōng

晋国的赵鞅率军讨伐卫国

译文

鲁哀公五年（前490）春，修筑比邑。

夏季，齐侯讨伐宋国。晋国的赵鞅率军讨伐卫国。

秋季九月癸酉日，齐侯处臼去世了。

冬季，叔还前往齐国。闰月，安葬齐景公。

六年

六年，春，城邾娄葭。晋赵鞅帅师伐鲜虞。吴伐陈。

夏，齐国夏及高张来奔。叔还会吴于祖[1]。

秋，七月，庚寅，楚子轸卒。齐阳生入于齐。齐陈乞弑其君舍。

冬，仲孙何忌帅师伐邾娄。宋向巢帅师伐曹。

注释

[1] 祖：地名，在今江苏邳县北。

译文

鲁哀公六年（前489）春，修筑邾娄葭邑。晋国的赵鞅率军讨伐鲜虞。吴国攻伐陈国。

夏季，齐国的国夏及高张逃到鲁国。叔还在柤地会见吴人。

秋季七月庚寅日，楚君轸去世了。齐国的阳生回到齐国。齐国的陈乞杀死自己的国君舍。

冬季，仲孙何忌率军攻伐邾娄国。宋国的向巢率军讨伐曹国。

qī nián
七年

qī nián　chūn　sòng huáng yuàn shuài shī qīn zhèng　jìn wèi màn
七年，春，宋皇瑗帅师侵郑。晋魏曼

duō shuài shī qīn wèi
多帅师侵卫。

xià　　gōng huì wú yú zēng
夏，公会吴于鄫❶。

qiū　　gōng fá zhū lóu　　bā yuè　　jǐ yǒu　　rù zhū lóu
秋，公伐邾娄。八月，己酉，入邾娄，

yǐ zhū lóu zǐ yì lái　　sòng rén wéi cáo
以邾娄子益来。宋人围曹。

dōng　　zhèng sì hóng shuài shī jiù cáo
冬，郑驷弘帅师救曹。

注释

❶鄫：地名，在今山东枣庄东。

　　鲁哀公七年（前488）春，宋国的皇瑗率军侵犯郑国。晋国的魏曼多率军入侵卫国。

　　夏季，哀公在鄪地会见吴人。

　　秋季，哀公讨伐邾娄国。八月己酉日，进入邾娄国，俘获邾娄国君主益，将其带回鲁国。宋人包围曹国。

　　冬季，郑国的驷弘率军援救曹国。

八年
bā nián

bā nián chūn　　wáng zhēng yuè　　sòng gōng rù cáo　　yǐ cáo bó
八年春，王正月，宋公入曹，以曹伯

yáng guī　　wú fá wǒ
阳归。吴伐我。

xià　　qí rén qǔ huān jí dàn　　guī zhū lóu zǐ yì yú zhū lóu
夏，齐人取谨及僤。归邾娄子益于邾娄。

qiū　　qī yuè
秋，七月。

dōng　　shí yòu èr yuè　　guǐ hài　　qǐ bó guò zú　　qí rén guī
冬，十有二月，癸亥，杞伯过卒。齐人归

huān jí dàn
谨及僤。

　　鲁哀公八年（前487）春，周历正月，宋公攻进曹国，俘获曹伯

吴国讨伐鲁国

阳返回宋国。吴国讨伐鲁国。

夏季，齐人取得谨地和僤地。把邾娄国君主益送回邾娄国。

秋季七月，无事。

冬季十二月癸亥日，杞伯过去世了。齐人归还谨地和僤地。

jiǔ nián
九 年

jiǔ nián　chūn　wáng èr yuè　zàng qǐ xī gōng　sòng huáng yuàn
九年，春，王二月，葬杞僖公。宋皇瑗

shuài shī qǔ zhèng shī yú yōng qiū
帅师取郑师于雍丘❶。

xià　　chǔ rén fá chén
夏，楚人伐陈。

qiū　　sòng gōng fá zhèng
秋，宋公伐郑。

dōng　　shí yuè
冬，十月。

注 释

1 雍丘：地名，在今河南杞县。

译 文

鲁哀公九年（前486）春，周历二月，安葬杞僖公。宋国的皇瑗率军在雍丘打败郑军。

夏季，楚人讨伐陈国。

秋季，宋公讨伐郑国。

冬季十月，无事。

宋国的皇瑗率军在雍丘打败郑军

shí nián
十年

十年，春，王二月，邾娄子益来奔。公
会吴伐齐。三月，戊戌，齐侯阳生卒。

夏，宋人伐郑。晋赵鞅帅师侵齐。五月，
公至自伐齐。葬齐悼公。卫公孟彄自齐归于
卫。薛伯寅卒。

秋，葬薛惠公。

冬，楚公子结帅师伐陈。吴救陈。

译 文

鲁哀公十年（前485）春，周历二月，邾娄君益逃到鲁国。哀公
会合吴国讨伐齐国。三月戊戌日，齐国的侯阳生去世了。

夏季，宋人讨伐郑国。晋国的赵鞅率军侵犯齐国。五月，哀公自伐齐
前线回国。安葬齐悼公。卫国的公孟彄从齐国回到卫国。薛伯寅去世了。

秋季，安葬薛惠公。

冬季，楚公子结率军攻伐陈国。吴国援救陈国。

郳娄君益逃到鲁国

shí yī nián
十一年

shí yòu yī nián　　chūn　　qí guó shū shuài shī fá wǒ
十有一年，春，齐国书帅师伐我。

xià　　chén yuán pō chū bēn zhèng　　wǔ yuè　　gōng huì wú fá
夏，陈袁颇出奔郑。五月，公会吴伐

qí　　jiǎ xū　　qí guó shū shuài shī　　jí wú zhàn yú ài líng　　qí
齐。甲戌，齐国书帅师，及吴战于艾陵❶，齐

shī bài jì　　huò qí guó shū
师败绩，获齐国书。

qiū　　qī yuè　　xīn yǒu　　téng zǐ yú mǔ zú
秋，七月，辛酉，滕子虞母卒。

dōng　　shí yòu yī yuè　　zàng téng yǐn gōng　　wèi shì shū qí chū bēn sòng
冬，十有一月，葬滕隐公。卫世叔齐出奔宋。

注 释

❶艾陵：地名，在今山东莱芜。

译 文

　　鲁哀公十一年（前484）春，齐国的国书率军攻伐鲁国。

　　夏季，陈国的袁颇逃往郑国。五月，哀公联合吴国进攻齐国。甲戌日，齐国书率军与吴军在艾陵交战，齐军大败，吴军俘虏了齐国书。

　　秋季七月辛酉日，滕国国君虞母去世。

　　冬季十一月，安葬滕隐公。卫国的世叔齐逃往宋国。

卫国的世叔齐逃往宋国

哀公在运地会见卫侯和宋国的皇瑗

shí èr nián

十二年

shí yòu èr nián　　chūn　　yòng tián fù
十有二年，春，用田赋。

xià　　wǔ yuè　　jiǎ chén　　mèng zǐ zú　　gōng huì wú yú tuó gāo
夏，五月，甲辰，孟子卒。公会吴于橐皋❶。

qiū　　gōng huì wèi hóu　　sòng huáng yuàn yú yùn　　sòng xiàng cháo
秋，公会卫侯、宋皇瑗于运。宋向巢

shuài shī　fá zhèng
帅师伐郑。

dōng　　shí yòu èr yuè　　zhōng
冬，十有二月，螽。

75

❶橐皋：地名，在今安徽巢县西。

译 文

　　鲁哀公十二年（前483）春，实行田赋制度。

　　夏季五月甲辰日，鲁昭公的夫人孟子去世。哀公在橐皋与吴人会面。

宋国的向巢率军讨伐郑国

秋季，哀公在运地会见卫侯和宋国的皇瑗。宋国的向巢率军讨伐郑国。

冬季十二月，发生蝗灾。

十三年

十有三年，春，郑轩达帅师，取宋师于岩。

夏，许男戌卒。公会晋侯及吴子于黄池❶。

楚公子申帅师伐陈。於越入吴。

秋，公至自会。晋魏多帅师侵卫。葬许元公。九月，螽。

冬，十有一月，有星孛❷于东方。盗杀陈夏弪夫。十有二月，螽。

晋国的魏曼多率军入侵卫国

注 释

❶黄池：地名，在今河南封丘南。❷孛：指彗星。

译 文

鲁哀公十三年（前 482）春，郑国的轩达率军在岩地歼灭宋军。

夏季，许男戍去世。哀公在黄池会见晋侯与吴子（吴国的君主）。楚国的公子申率军讨伐陈国。於越攻入吴国。

秋季，哀公从会盟地回国。晋国的魏多（贬指魏曼多）率军入侵卫国。安葬许元公。九月，发生蝗灾。

冬季十一月，有彗星在东方出现。强盗杀死陈国的夏弨夫。十二月，发生蝗灾。

shí sì nián
十 四 年

shí yòu sì nián   chūn   xī shòu huò lín
十有四年，春，西狩获麟❶。

注 释

❶麟：麒麟，传说中的一种瑞兽。

译 文

鲁哀公十四年（前 481）春天，在西部狩猎，获得麒麟。

图书在版编目（CIP）数据

藏在四书五经里的那些智慧：思维导图彩绘版.春秋 / 新新世纪编 . -- 五家渠：新疆生产建设兵团出版社，2022.3

ISBN 978-7-5574-1781-9

Ⅰ.①藏… Ⅱ.①新… Ⅲ.①儒家②四书－儿童读物③五经－儿童读物④中国历史－春秋时代－儿童读物 Ⅳ.① B222.1-49②Z126.1-49

中国版本图书馆 CIP 数据核字（2022）第 032768 号

责任编辑：吴秋明

藏在四书五经里的那些智慧：思维导图彩绘版.春秋

出版发行	新疆生产建设兵团出版社
地　　址	新疆五家渠市迎宾路 619 号
邮　　编	831300
电　　话	0994-5677185
发　　行	0994-5677116
传　　真	0994-5677519
印　　刷	三河市双升印务有限公司
开　　本	710 毫米 ×1000 毫米　1/16
印　　张	40
字　　数	40 千字
版　　次	2022 年 3 月第 1 版
印　　次	2022 年 4 月第 1 次印刷
书　　号	ISBN 978-7-5574-1781-9
定　　价	188.00 元

藏在四书五经里的

新新世纪◎编

那些智慧

尚书

新疆生产建设兵团出版社

　　"四书五经"是儒家经典著作"四书"和"五经"的合称，"四书"指《大学》《中庸》《论语》《孟子》，"五经"指《诗经》《尚书》《礼记》《易经》《春秋》。它们是儒家文化的核心载体，是中华民族最为宝贵的精神财富。在我国古代，上至帝王将相，下至黎民百姓，都会以"四书五经"为根本依据去修身、齐家、治国、立德。作为现代人要想真正承继以及了解中国传统文化经典，就必须从阅读"四书五经"开始。

　　"四书五经"内容博大精深，有着深厚的文化内蕴，阅读时必须逐句逐段仔细琢磨品味。这套书将逐一介绍"四书"和"五经"，以便使读者对"四书"和"五经"的大致内容有个基本的把握。

《尚书》最早书名为《书》，是一部追述古代事迹著作的文献汇编。因是儒家五经之一，又称《书经》。

　　《尚书》被儒家学者列为核心经典之一，是历代儒家研习之基本书籍。"尚"即"上"，《尚书》就是上古的书，它是我国最早的一部历史文献汇编。

　　本书精选适合当下孩子阅读的篇目，以精练生动的文字、科学简明的体例和丰富精美的图片，对儒家经典《尚书》进行了更加真实、直观、全面的解读，并将其呈现给读者，使得读者能够快速了解《尚书》中所蕴含的文化意义。

目录

尚书

《尚书》又称《书》《书经》，据称是中国现存最早的史书。该书分为《虞书》《夏书》《商书》《周书》。战国时期总称《书》，汉代改称《尚书》，即"上古之书"。

《尚书》的基本信息

商至春秋时期

时代

中国第一部
上古历史文献

内容

《尚书》保存了商、周，特别是西周初期的一些重要史料

除了记录文献之外，《尚书》还保留了当时的记言散文

《尚书》的内容和体例

《尚书》的内容包含虞、夏、商、周各代文献。

《尚书》的体例可以分为六种，称为六体，即典、谟、训、诰、誓、命。

《尚书》的体例

典 常法、常典。指先王的政绩可以作为常法尊奉，大致相当于现代的宪法

谟 谋略、计划。君有典，臣有谟，就是施政的方针计划

训 说教、训诫的言辞，一般是贤良之臣训诫君主的。大致相当于现代的意见、建议书

诰 告知，使人晓喻，有告诫、慰勉之意。诰可以对民众、神祇、君王，也可以同官相诰

誓 条约、誓文，用以告诫民众、将士或约束敌人

命 命令，指君王对属下口头发布命令

尧典

《尧典》记载了唐尧的功德、言行，是研究上古帝王唐尧的重要资料。全文共七段：第一段颂扬尧的品德和功绩；第二段说明尧制定历法节令的情况；第三段说明尧选拔官吏的情况；第四段叙述尧提拔虞舜代替自己的经过；第五段叙述舜在摄政期间的功绩；第六段记叙舜任用百官的情况；第七段赞美舜毕生为国鞠躬尽瘁而死的奉献精神。

nǎi mìng xī hé　　qīn ruò hào tiān
乃命羲和❶，钦若昊天❷

lì xiàng　　　　rì yuè xīng chén　jìng shòu mín shí
历象❸——日月星辰，敬授民时。

fēn mìng xī zhòng　zhái yú yí　yuē yáng
分命羲仲，宅隅夷❹曰旸

gǔ　　yín bīn chū rì　　píng zhì dōng zuò
谷❺。寅宾出日❻，平秩东作❼。

注 释

❶羲和：羲氏与和氏，主管天文现象的官员。
❷若：顺从。昊：广大。❸历象：日月星辰等
天体运转的现象。❹宅：居住。隅夷：地名，
相传在东海之滨。❺旸谷：传说中日出的地
方。❻寅：恭敬。宾：迎。❼平秩：辨别测
定。作：始。

译 文

　　于是，尧帝命令羲氏、和氏恭谨地奉行天
道，让他们推算日月星辰的运行规律，制定历
法，以教导人民按照时令节气从事农业生产。
尧帝又命令羲仲居住在东方的旸谷，让他恭敬
地迎接日出，测定日出的时刻。

日中❶、星鸟❷，以殷仲春❸。厥民析❹，鸟兽孳尾❺。申命羲叔宅南交❻，平秩南为❼，敬致❽。

❶日中：指春分，这一天昼夜长短相等。❷星鸟：星名，南方朱雀七宿。❸殷：确定。仲：每季中间的那一个月，春分所在的月份。❹厥：其。析：分散。❺孳尾：生育繁衍。❻申：重，又。交：地名，指交趾。❼南为：指农业劳动。❽致：归来。

译 文

昼夜长短相等，傍晚在南方天空中看到鸟星，依照这些情况可以确定春分节令了。在这个时节，百姓开始分散在田间进行耕作，鸟兽开始生育繁殖。命令羲叔住在南方的交趾，主持对日的致敬之礼，然后引导夏天农业活动按程序进行。

dì yuē　　zī rǔ xī
帝曰："咨❶汝羲

jì　❷ hé　　jǐ sān bǎi yòu liù xún
暨❷和。期三百有六旬

yòu liù rì ❸　　　yǐ rùn yuè dìng sì
有六日❸，以闰月定四

shí chéng suì
时成岁。"

注 释

❶ 咨：告诉，命令。❷ 暨：与。
❸ 期：指一周年。有：同"又"。
旬：十日。

译 文

尧帝说："告诉你们羲氏与和氏啊，你们以三百六十六天为一周年，要用设置闰月的办法来调整好四季而构成一年。"

yǔn lí bǎi gōng
允厘百工 ❶，

shù jì xián xī
庶绩咸熙 ❷。

注 释

❶允：信，确定。厘：治。百工：百官。❷庶：众。咸：都。熙：兴盛。

译 文

在这个基础上，明确地划分百官的职责，政事也都处理得很好。

舜典

《舜典》记载了虞舜的言行，表达对舜帝的赞颂，具有很高的历史研究价值。全文约可分为四段：第一段记叙舜的美德以及唐尧让位虞舜的情况；第二段叙述舜即位后祭祀、巡守、划分州界、制定律法和流放四凶的情况；第三段记叙舜选用、教育百官的情况；第四段赞扬舜勤劳国事，鞠躬尽瘁的奉献精神。

dì yuē　　　gé　rǔ shùn　　xún
帝曰："格①汝舜，询②

shì kǎo yán　　nǎi yán zhǐ kě jì　　　sān
事考言，乃言底可绩③，三

zǎi　　rǔ zhì④帝位。"shùn ràng yú dé
载。汝陟④帝位。"舜让于德

fú sì
弗嗣。

注释

❶格：告诉。❷询：谋划。❸底：一定。
绩：成功。❹陟：升，登。

译文

尧帝说："舜，我跟你说，我和你谋划
政事，考察你的言论，按照你的意见办事，
一定会取得成功。我已经考察你三年了，
你现在可以登上帝位了。"舜要把帝位让给
更有德行的人，不愿就位。

wǔ zǎi yì xún shǒu qún
五载一巡守，群
hòu sì cháo fū zòu yǐ yán
后四朝。敷❶奏以言，
míng shì yǐ gōng chē fú yǐ yōng
明试以功，车服以庸。

注 释

❶ 敷：普遍。

译 文

　　舜每隔五年就巡视一次。诸
侯按四方之位在各自的方位内朝
见。朝见时，诸侯需口头奏告政
事。然后舜帝根据诸侯的政绩进
行评定，论功行赏，赐给他们车
马衣服。

xiàng yǐ diǎn xíng　　liú yòu wǔ xíng

象以典刑❶，流宥五刑❷，

biān zuò guān xíng　　pū　zuò jiào xíng　　jīn zuò shú

鞭作官刑，扑❸作教刑，金作赎

xíng　shěng zāi sì shè　　hù　zhōng zéi xíng

刑。眚灾肆赦❹，怙❺终贼刑。

qīn zāi　　qīn zāi　　wéi xíng zhī xù　zāi

钦哉，钦哉，惟刑之恤❻哉！

注释

❶象：刻画。典：常。❷流：流放。宥：宽
恕。五刑：指墨、劓(yì)、剕(fèi)、宫、大辟五种刑
罚。❸扑：古时学校用作体罚的木棍。❹眚：
过错。肆：就。❺怙：依仗。❻恤：谨慎。

译文

　　舜把五种常用刑罚的图样刻画在器物上，以警示民众，用流放
的办法代替五刑以示宽大，以鞭打作为官府的刑罚，把用木条责打
定为学校的刑罚，还规定可以用金来赎罪。因为过失犯罪，可以赦
免；要是故意犯罪不知悔改，就要施加刑罚。慎重啊，慎重啊，使
用刑罚时一定要慎重！

大禹谟

大禹，姒姓，史称夏禹、戎禹，相传他是上古夏后氏族部落的首领。禹继承父亲鲧未完成的治水事业，历经十三年，三过家门而不入，终于治平水患。谟，是「谋」的意思。本文是舜帝与大臣禹、益、皋陶谋划政务的记录，所以称《大禹谟》。

《大禹谟》是伪古文，后世儒学整理编撰《大禹谟》，是为了上联《尧典》《舜典》，下接《商书》《周书》各篇，构建「二帝三王」的古史体系，宣扬古帝一脉相承的道统。

帝曰：“俞！允若兹[1]，嘉言罔攸伏[2]，野无遗贤，万邦咸宁。稽于众，舍己从人，不虐无告，不废困穷，惟帝时克。”

注 释

[1] 俞：副词，表肯定。允：的确。兹：这。[2] 罔：无，不要。攸：所。

译 文

舜帝说：“是啊！真像这样的话，那些好的言论就不会被埋没，贤德的人也不会被遗弃在民间，万国之民就都安宁了。参考众人的言论，舍弃私见而依从众人的好言论，不虐待孤苦无依的人，不嫌弃困窘贫穷的人，只有尧帝能够这样。”

禹曰：“朕德罔克，民不依。皋陶迈种德❶，德乃降，黎民怀❷之。帝念哉！念兹在兹，释兹在兹，名言兹在兹，允出兹在兹，惟帝念功❸。”

注释

❶ 迈：勤勉。种：树立。❷ 怀：归附。❸ “念兹”四句：兹：这。前一个“兹”指德，后一个“兹”指皋陶。释：同“怿”，喜悦。名言：称颂。出：推行。

译文

大禹说：“我的德行还不能胜任，民众也不会依从我。皋陶勤勉树立德政，德惠下施于民，民众归从他。舜帝你要考虑啊！整天顾念德政的是皋陶，喜欢德政的是皋陶，称颂宣传德政的也是皋陶，真正能够推行德政的更是皋陶，舜帝你要想想皋陶的功劳啊。”

皋陶曰：“帝德罔愆❶，临下以简，御众以宽；罚弗及嗣，赏延于世。宥过无大❷，刑故无小；罪疑惟轻，功疑惟重；与其杀不辜，宁失不经；好生之德，洽于民心，兹用不犯于有司。”

注释

❶愆：过失。❷宥：宽恕。无大：不论多大。

译文

皋陶说：“舜帝你德行完美，没有过失，对臣民简约不烦，统御民众宽厚不苛刻。刑罚不株连亲人，赏赐却延及后代。宽恕过失不论罪多大，处罚故意犯罪不论罪多小。判罪时遇到可轻可重的疑难，就从轻处罚，论功时遇到可轻可重的疑难，就从重赏赐。与其杀掉无罪之人，不如失去不守正道的人。这种爱惜生灵的美德，合乎人们的意愿，因此人们不冒犯官吏。”

禹贡

《禹贡》是当时诸侯称雄的局面结束之后所提出的治理国家的方案。《禹贡》是中国古代名著，属于《尚书》中的一篇，其地理记载囊括了各地山川、地形、土壤、物产等情况。

jiǔ hé jì dào　　léi xià jì zé　yōng　jū huì tóng
九河既道❶，雷夏既泽，滩、沮会同❷。

sāng tǔ jì cán　shì jiàng qiū zhái tǔ　jué tǔ hēi fén　jué cǎo wéi
桑土既蚕，是降丘宅土❸。厥土黑坟，厥草惟

yáo　jué mù wéi tiáo　jué tián wéi zhōng xià　jué fù zhēn　zuò
繇，厥木惟条❹。厥田惟中下。厥赋贞❺。作

shí yòu sān zǎi　nǎi tóng　jué gòng qī　sī　jué fěi zhī wén
十有三载，乃同。厥贡漆、丝，厥篚织文❻。

fú yú jǐ　tà　dá yú hé
浮于济、漯❼，达于河。

注 释

❶九河：黄河的九条支流，即徒骇、太史、马颊、覆釜、胡苏、简、洁、钩盘、鬲津。道：疏通。❷滩：黄河的支流。沮：滩水的支流。二水今已不存在。❸降：下。宅：居住。❹坟：肥沃。繇：茂盛。条：长。❺贞：下下等，第九等。❻篚：圆形竹器。织文：有花纹的丝织品。❼漯：水名，黄河的支流。

译 文

　　黄河下游的九条河流疏通了，雷夏洼地的治理工程也完成了，滩水、沮水会合流入雷夏泽。适合种植桑树的地方都可以养蚕了，于是人民便从小土山上搬下来，住在平地上。兖州的土地又黑又肥，

这里的青草生长得茂盛，树木也长得修长。这里的土地属第六等，赋税是第九等，耕种十三年后，才和其他八州的赋税相同。这里的贡品主要是漆和丝，还有盛放在竹篮子里的带有各种花纹的丝织品。进贡时，可由济水、漯水乘船顺流入黄河。

péng lí jì zhū　　yáng niǎo　yōu jū　　sān jiāng jì rù　　zhèn

彭蠡既猪，阳鸟❶攸居。三江既入，震

zé zhǐ dìng❷　　xiǎo dàng jì fū　　jué cǎo wéi yāo　　jué mù wéi qiáo❸

泽厎定❷。篠荡既敷，厥草惟夭，厥木惟乔❸。

jué tǔ wéi tú ní❹　　　jué tián wéi xià xià　　jué fù xià shàng shàng cuò

厥土惟涂泥❹，厥田惟下下，厥赋下上上错。

jué gòng wéi jīn sān pǐn❺　　yáo kūn xiǎo dàng　　chǐ gé yǔ máo wéi mù❻

厥贡惟金三品❺，瑶琨篠荡，齿革羽毛惟木❻。

^{dǎo yí huì fú} ^{jué fěi zhī bèi} ^{jué bāo jú yòu cì gòng} ^{yán}
岛夷卉服❼，厥篚织贝，厥包橘柚锡贡❽。沿

^{yú jiāng hǎi} ^{dá yú huái} ^{sì}
于江海，达于淮、泗。

注 释

❶阳鸟：鸿雁一类的候鸟。❷三江：指岷江、汉水、彭蠡。震泽：太湖。❸篠：小竹。荡：大竹。夭：茂盛。乔：高大。❹涂泥：潮湿的泥土。❺品：等级。❻瑶：美玉。琨：美石。❼岛夷：东南沿海各岛的人。卉服：指蓑衣、草笠之类。卉，草。❽包：包裹。锡：同"赐"，赐给。

译 文

彭蠡泽已经储蓄了大量的水，成为每年雁阵南飞过冬的休息地。三江之水已经顺畅地流入大海，太湖也得以治理。小竹和大竹普遍地生长起来，原野的青草生长得很茂盛，树木也都长得很高大。这里多潮湿的泥土，土地属第九等，赋税是第七等，也夹杂着第六等。其贡品是金、银、铜三种金属，还有美玉、美石、小竹、大竹、象牙、犀牛皮、鸟羽和旄牛尾、木材。沿海一带进贡草制的衣服，还要把贝锦放在篚内，把橘子和柚子打成包裹作为贡品进献给朝廷。进贡时船只沿着长江进入黄海，再转入淮河和泗水。

伊、洛、瀍、涧既入于河。荥波既猪。导菏泽，被孟猪❶。厥土惟壤，下土坟垆❷。厥田惟中上，厥赋错上中。厥贡漆、枲、𫄨、纻❸，厥篚纤纩，锡贡磬错。浮于洛，达于河。

注 释

❶孟猪：即孟诸，在今河南商丘东北。❷垆：黑色硬土。❸纻：苎麻。

译 文

伊水、洛水、瀍水、涧水都已经疏通而流入黄河了。荥波泽已经治理好了，可以储蓄大量的河水。又疏通菏泽，在孟诸泽筑建堤防。这里的土壤松软，土的底层肥沃，而且又黑又硬。这里的田地属第四等，赋税是第二等，也夹杂着第一等。贡品有漆、麻、细葛布、苎麻、细绢和细绵，要用筐子包装起来，还要进贡制磬的石料。进贡时船只由洛水直入黄河。

汤誓

《汤誓》是誓师文章，商汤伐夏桀之前，汤的军民不愿再打仗，汤就在都城亳誓师。史官记录下这些誓词，军旅会战于鸣条之野，为激励士众，写下了《汤誓》。现载于十三经之一的《尚书》之中。主要内容为：汤王首先宣布夏桀罪状，以示师出有名。此外，誓文还记载了拟欲迁社及伐三腰之事。

yī yǐn xiàng tāng fá jié   shēng zì ér   suì yǔ jié zhàn yú
伊尹相汤伐桀，升自陑❶，遂与桀战于

míng tiáo   zhī yě   zuò   tāng shì
鸣条❷之野，作《汤誓》。

注 释

❶ "伊尹"两句：相：辅佐。桀：名履癸，禹的第十四代孙，夏朝的最后一个君主。陑：地名，在今陕西潼关附近。❷ 鸣条：地名，在黄河的北面，安邑之西。

译 文

　　伊尹辅佐商汤讨伐夏桀，从陑地北上，于是与夏桀在鸣条的郊野开战。开战之前，商汤誓师告诫将士们。

王曰：“格尔众庶，悉听朕言。非台小子敢行称乱❶，有夏多罪，天命殛之！

“今尔有众，汝曰：‘我后不恤我众❷，舍我穑事而割正❸夏？’予惟闻汝众言，夏氏有罪。予畏上帝，不敢不正。

“今汝其❹曰：‘夏罪其如台？’夏王率遏众力，率割夏邑，有众率怠弗协。曰：‘时日曷丧❺？予及汝皆亡！’夏德若兹，今朕必往。”

注 释

❶台：我。小子：对自己的谦称。称：举，发动。❷后：国君。恤：关心体贴。❸割：疑问代词，曷。正：同“征”。❹其：恐怕，表揣测的副词。❺时：这个。日：此处比喻夏桀。曷：什么时候。

（译）（文）

　　王说："你们各位，都来听我说。不是我胆敢犯上作乱！实在是因为夏王犯了许多罪行，上天命令我去讨伐他。现在你们大家或许会问：'我们的君主不关心体贴我们大家，让我们把农事抛在一边，而去征讨夏王，这是为什么呢？'我虽然明白你们的意思，但是夏桀有罪，我敬畏上帝，不敢不去征讨啊。现在你们恐怕要问：'夏桀的罪行到底是什么呢？'夏桀耗尽了民力，剥削夏国百姓。民众懈怠涣散，对他很不友好，都咒骂他说：'你这个太阳什么时候才能坠落啊？我们宁可和你一起灭亡！'夏桀的德行败坏到这种地步，现在我一定要去讨伐消灭他。"

"尔^{ěr}尚^{shàng}辅^{fǔ}予^{yú}一^{yì}人^{rén}，致^{zhì}天^{tiān}之^{zhī}罚^{fá}，予^{yú}其^{qí}大^{dà}赉^{lài}❶

汝^{rǔ}！尔^{ěr}无^{wú}❷不^{bú}信^{xìn}，朕^{zhèn}不^{bù}食^{shí}言^{yán}❸。尔^{ěr}不^{bù}从^{cóng}誓^{shì}言^{yán}，

予^{yú}则^{zé}孥^{nú}戮^{lù}❹汝^{rǔ}，罔^{wǎng}有^{yǒu}攸^{yōu}❺赦^{shè}。"

注 释

❶赉：赏赐。❷无：不要。❸食言：说话不算数。食：吞没。
❹孥戮：受刑辱。❺攸：所。

译 文

"你们要辅佐帮助我，执行上天对夏桀的惩罚，我将大大地赏赐你们！你们不要不相信我的话，我决不会食言。如果你们不听从我的告诫，我就让你们受刑辱，决不放过你们！"

49

咸有一德

太甲从桐宫回到亳以后，伊尹交还政权，打算回到自己的封邑退隐终老，但又担心太甲德性不纯一，就再次训诫太甲。史官记录这件事，用文中的「咸有一德」作为本篇的题目。

《咸有一德》的内容可分四部分：第一部分是序；第二部分说明伊尹作训的缘由；第三部分用历史事实说明道德纯一就吉，不纯一就凶；第四部分告诫太甲要勤于修德，善于用人，不可妄自尊大。

yī yǐn zuò　　xián yǒu yī dé
伊尹作《咸有一德》❶。

yī yǐn jì fù　zhèng jué bì　jiāng
伊尹既复❷政厥辟，将

gào guī　　　　nǎi chén jiè yú dé
告归❸，乃陈戒于德❹。

（注）（释）

❶ 咸：都。一：纯一。❷ 复：还给。

❸ 告：请求。归：回到自己的封地。

❹ 乃：于是。陈：陈述。于：以。

（译）（文）

伊尹作《咸有一德》。

伊尹把政权交还给太甲以后，打算请求告老还乡，于是陈述修德的事，用以告诫太甲。

非天私❶我有商，惟天佑于一德；非商
求于下民，惟民归于一德。德惟一，动罔不
吉；德二三❷，动罔不凶。惟吉凶不僭❸在
人，惟天降灾祥在德。

注 释

❶私：偏爱。 ❷二三：反复不定，不专一。 ❸僭：差错。

译 文

　　不是上天偏爱我们商族，而是上天要扶助有纯一之德的人；并不是商族向民众求助，而是民众归附具有纯德的人。德行纯一，行动起来无不吉利；德行反复无常，行动起来无不凶险。吉凶不会出现偏差是因为上天观察了人的所作所为，上天降灾赐福也是根据人的德行而定的。

　　dé　wú　cháng　shī　　　　zhǔ　shàn　wéi　shī　　shàn　wú　cháng　zhǔ

　德无常师❶，主❷善为师。善无常主，

xié　yú　kè　yī

协于克一。

注 释

❶师：师法，范例。❷主：正，准则。

　　道德没有固定不变的法则，以善为标准就可作为范例。善也没有固定不变的标准，只要能够纯一就算符合。

金縢

『金縢之匮』，就是今天所说的『铁柜子』，用于藏放王室机密文件。本篇叙述武王灭商后两年生了重病，周公请求先王在天之灵让自己代替武王去死，并将祝册放在『金縢之匮』中，武王很快病就好了。武王死后，成王幼弱，由周公摄政，管、蔡放出谣言诽谤周公，周公为示清白，避居东方。后来，天降警告，成王打开金匮，知道始末，迎回了周公。

乃命于帝庭❶，敷❷佑四方，用能定尔子孙于下地❸。四方之民，罔不祗❹畏。呜呼！无坠天之降宝命❺，我先王亦永有依归！今我即命于元龟❻，尔之许我，我其以璧与珪，归俟❼尔命；尔不许我，我乃屏❽璧与珪。

注 释

❶乃：你们。命：受命。❷敷：普遍。❸下地：人间。❹祗：敬。❺坠：丧失。宝命：指上文"命于帝庭，敷佑四方"的使命。❻即命：就而听命。即：就，靠近。元龟：大宝龟。❼俟：等待。❽屏：抛弃。

　　你们受命于上天，坐拥天下，让你们的子孙都能平平安安地生活于世上，天下的百姓没有不敬畏的。唉！只要保有上天的使命，先王的神灵也就可以永远安享宗庙。现在我就要通过大龟听从你们的命令。如果你们答应我，我就把璧和珪拿给你们，来听候你们的命令；如果你们不答应我，我就把璧和珪拿开了。

wǔ wáng jì sàng　guǎn shū jí qí qún dì nǎi liú yán yú guó
武王既丧，管叔及其群弟乃流言于国，

yuē　　gōng jiāng bú lì yú rú zǐ　　zhōu gōng nǎi gào èr gōng yuē
曰："公将不利于孺子。"周公乃告二公曰：

wǒ zhī fú bì　　wǒ wú yǐ gào wǒ xiān wáng　　zhōu gōng jū dōng èr
"我之弗辟，我无以告我先王。"周公居东二

nián　　zé zuì rén sī dé　　yú hòu　　gōng nǎi wéi shī yǐ yí wáng　míng
年，则罪人斯得。于后，公乃为诗以诒王，名

zhī yuē　　chī xiāo　　wáng yì wèi gǎn qiào gōng
之曰《鸱鸮》，王亦未敢诮公。

译文

　　武王去世以后，管叔和他的几个弟弟在国内散播谣言，说："周公将对年幼的成王不利。"周公就告诉大公、召公说："我不摄政，就无法告慰我们的先王啊。"周公留在东方两年，逮捕了发动叛乱的罪人。后来，周公写了一首诗送给成王，诗名为《鸱鸮》。成王没有因此而责备他。

康诰

康叔，名封，周武王的同母弟。周公担心康叔年轻，难以治理殷商遗民，于是周公写了这篇诰词，史官记录下这篇诰词，写成《康诰》。

《康诰》可分为六部分：第一部分是序；第二部分周公总结历史经验；第三部分告诫康叔要尚德保民；第四部分告诫康叔要慎用刑罚；第五部分告诫康叔要以仁德教化殷民；第六部分告诫康叔必须遵从教命。

惟乃丕显考文王，克明德慎罚❶，不敢侮鳏寡，庸庸，祗祗，威威，显民❷。用肇造我区夏❸，越我一二邦，以修我西土❹。惟时怙冒闻于上帝……

注释

❶ 考：父亲。明德：崇尚德教。慎罚：慎用刑罚。❷ 庸庸：任用可用的人。祗祗：尊敬可敬的人。威威：威慑应该威慑的人。显民：显示给民众。❸ 用：因此。肇：开始。造：造就。区夏：华夏地区。❹ 越：与。修：长。

译文

你的圣明伟大的父亲文王，能够崇尚德教，慎用刑罚；从不欺侮孤苦无依的人，他重用应当任用的人，尊重值得尊敬的人，威慑应该威慑的人，并把这些都显示给民众，因此开创了我们华夏地区，包括周边的几个邦国，还扩展了西边的领土，由此他的德业上闻于天帝……

fēng　　rǔ niàn zāi　　jīn mín jiāng zài zhī yù nǎi
封，汝念哉！今民将在祗遹乃

wén kǎo　　　shào wén yī dé yán　　wǎng fū qiú yú yīn
文考❶，绍闻衣德言❷。往敷求于殷

xiān zhé wáng　　yòng bǎo yì　　mín　　rǔ pī yuǎn wéi shāng gǒu
先哲王，用保乂❸民。汝丕远惟商耇

chéng rén　　zhái xīn zhī xùn　　　bié qiú wén yóu gǔ xiān zhé
成人，宅心知训❹。别求闻由古先哲

wáng　　yòng kāng bǎo mín　　hóng yú tiān　　ruò　　dé yù
王，用康保民❺。弘于天，若❻德裕

nǎi shēn　　bú fèi zài wáng mìng
乃身，不废在王命❼。

注 释

❶在：观察。遹：遵循。❷绍：尽力。闻：听取。衣：同
"依"。❸乂：治理。❹惟：考虑。知训：明智的教
训。❺别：另外。由：对于。康：安康。❻若：顺从。
❼裕：同"欲"，想要。废：止。在：终，完成。

译 文

封呀，你要好好考虑！现在臣民都在注视着你，
看你是否恭敬地继承你父亲文王的传统，依据他的德
教来治理国家。你到殷后，要广泛寻求殷古先圣王的

治国之道，懂得怎样使百姓顺服。在那里有许多殷商德高望重的人离你不远，要把他们放在心里，听他们教导。另外，你还要访求古时圣明帝王的治国之道，使百姓生活安乐。要比天还宽宏，使臣民体验到你的恩德，不停地完成王命！

王曰："呜呼！封，敬明乃罚。人有
小罪，非眚❶，乃惟终，自作不典❷，式
尔❸，有❹厥罪小，乃不可不杀。乃
有大罪，非终，乃惟眚灾❺，适尔，
既道极厥辜❻，时乃不可杀。"

注释

❶眚：过失。❷终：始终，经常。典：法。
❸式尔：因而，这样。❹有：即使。
❺眚灾：因过失而造成的灾害。❻适
尔：偶然这样。道：用。极：责罚。

译文

　　王（周公）说："啊！封，要谨
慎使用刑罚。如果一个人犯了小罪，
而不是过失，还经常做一些违法的事，
这样，虽然他的罪过很小，却不能不

杀。如果一个人犯了大罪，但不是一贯如此，而只是由过失造成的
灾祸，这是偶然犯罪，可以按法律给予适当处罚，不应把他杀掉。"

智慧小学堂

梓材，本义是指上等的木材，这里用来比喻治国要加倍努力。康叔被封为卫国国君后，周公告诫康叔如何治理殷民。因诰词中周公用了『若作梓材』这个比喻，所以史官在记录这篇诰词时以《梓材》为题。

《梓材》的内容可分两部分：第一部分阐述了治理殷商故地的具体政策：顺从常典，慰劳邦君，宽恕罪人，安抚百姓；第二部分申述制定上述政策的理由，勉励康叔施行明德、和睦殷民，努力完成先王未竟的大业。

汝若恒^❶，越^❷曰："我有师师^❸：
司徒、司马、司空、尹旅^❹。"曰：
"予罔厉^❺杀人。"亦厥君先敬劳，
肆徂厥敬劳^❻！

注 释

❶若：指示代词，这。恒：常。❷越：及。❸师师：众位官长。❹尹：正，指大夫。旅：众士。❺厉：杀害无辜。❻肆：努力。徂：去。劳：慰劳。

译 文

　　你要经常这样做，还要说："我有许多大臣如司徒、司马、司空、大夫和众士。"还要告诉他们说："我不会滥杀无辜。"你要先于国君，对他们表示尊敬和慰劳，赶快去对他们表示尊敬和慰劳吧！

惟曰：“若稽①田，既勤敷菑②，惟其陈修③，为厥疆畎④；若作室家，既勤垣墉⑤，惟其涂塈茨；若作梓材，既勤朴斫，惟其涂丹雘。”

注 释

❶稽：治。❷敷：布，播种。菑：新开垦的土地。❸陈修：治理。陈：治。❹疆：地界。畎：田间水沟。❺垣：矮墙。墉：高墙。

译 文

（王）说："这就好比种田，既然已经勤劳地开垦、播种，就要想到整治土地，修筑田界，开挖水沟。又好比建造房屋，既然已经辛苦地筑起了墙壁，就要继续涂泥和盖顶。又好比用贵重木材制作器具，既然已经辛苦地剥去树皮并做成了家具，就要完成彩饰工作。"

今王惟曰：“先王既勤用明德怀，为夹庶邦享作。兄弟方来，亦既用明德。后式典集，庶邦丕享。”

（拼音注音：jīn wáng wéi yuē / xiān wáng jì qín yòng míng dé huái wéi / jiā shù bāng xiǎng zuò / xiōng dì fāng lái yì jì yòng míng dé hòu / shì diǎn jí / shù bāng pī xiǎng）

注释

❶惟：语词，无实义。❷用：施行。❸怀：来。夹：辅佐。享：进献。作：劳作。❹方：国。❺后：指诸侯。式：因此。典：常。集：会合，指朝会。❻丕：大。

译文

现在，王说：“先王已经努力发挥德行去感召人心，四方的异邦都来进贡，兄弟之国也都来归附。如今我们也要像先王那样发挥德行，那么诸侯也会依据常例来朝见，众多的邦国也会前来进贡。”

79

图书在版编目（CIP）数据

藏在四书五经里的那些智慧：思维导图彩绘版．尚
书 / 新新世纪编．-- 五家渠：新疆生产建设兵团出版
社，2022.3

ISBN 978-7-5574-1781-9

Ⅰ．① 藏⋯ Ⅱ．① 新⋯ Ⅲ．① 儒家 ② 四书－儿童读物
③ 五经－儿童读物 ④ 中国历史－商周时代 ⑤《尚书》－儿童
读物 Ⅳ．① B222.1-49 ② Z126.1-49

中国版本图书馆 CIP 数据核字（2022）第 032765 号

责任编辑：吴秋明

藏在四书五经里的那些智慧：思维导图彩绘版．尚书

出版发行		新疆生产建设兵团出版社
地	址	新疆五家渠市迎宾路 619 号
邮	编	831300
电	话	0994-5677185
发	行	0994-5677116
传	真	0994-5677519
印	刷	三河市双升印务有限公司
开	本	710 毫米 × 1000 毫米　1/16
印	张	40
字	数	40 千字
版	次	2022 年 3 月第 1 版
印	次	2022 年 4 月第 1 次印刷
书	号	ISBN 978-7-5574-1781-9
定	价	188.00 元

新新世纪◎编

藏在四书五经里的

那些智慧

礼记

新疆生产建设兵团出版社

　　"四书五经"是儒家经典著作"四书"和"五经"的合称，"四书"指《大学》《中庸》《论语》《孟子》，"五经"指《诗经》《尚书》《礼记》《易经》《春秋》。它们是儒家文化的核心载体，是中华民族最为宝贵的精神财富。在我国古代，上至帝王将相，下至黎民百姓，都会以"四书五经"为根本依据去修身、齐家、治国、立德。作为现代人要想真正承继以及了解中国传统文化经典，就必须从阅读"四书五经"开始。

　　"四书五经"内容博大精深，有着深厚的文化内蕴，阅读时必须逐句逐段仔细琢磨品味。这套书将逐一介绍"四书"和"五经"，以便使读者对"四书"和"五经"的大致内容有个基本的把握。

《礼记》又名《小戴礼记》《小戴记》，成书于汉代，为西汉经学家戴圣所编。《礼记》是中国古代一部重要的典章制度选集，共二十卷四十九篇，书中内容主要写先秦的礼制，展现了先秦儒家的哲学思想（如天道观、宇宙观、人生观）、教育思想（如个人修身、教育制度、教学方法、学校管理）、政治思想（如以教化政、大同社会、礼制与刑律）、美学思想（如物动心感说、礼乐中和说），是研究先秦社会的重要资料，是儒家思想的重要资料汇编。

本书精选适合当下孩子阅读的篇目，以精练生动的文字、科学简明的体例、丰富精美的图片，对儒家经典《礼记》进行了更加真实、直观、全面的解读，并将其呈现给读者，使得读者能够快速了解《礼记》中所蕴含的文化意义。

目录

《礼记》的基本信息

作者
戴圣

时代
西汉

内容
古代礼仪

戴圣，西汉经学家。"小戴学"的开创者。选辑古代各种有关礼仪等的论述，编成《小戴礼记》，即今本《礼记》

《礼记》成书于汉宣帝时期

记录孔子和孔子门弟子的言行及时事

解释《仪礼》

格言名句

《冠义》《婚义》《乡饮酒义》《射义》《聘义》《丧服四制》等篇

《曲礼》《少仪》《儒行》等篇

《孔子闲居》《檀弓》《曾子问》等篇

通论礼仪和学术

《礼运》《经解》《乐记》《学记》《大学》《中庸》《坊记》《表记》《缁衣》等篇

《王制》《曲礼》《玉藻》《明堂》《月令》《礼器》《郊特牲》《祭统》《祭法》《大传》《丧大记》《丧服大记》《奔丧》《问丧》《文王世子》《内则》《少仪》等篇

记录古代制度礼节，并加以考辨

1 → 冠礼

2 → 燕礼

士相见礼 ← 3

士丧礼 ← 4

《礼记》

　　《礼记》内容主要是记述先秦的礼仪制度，阐释《仪礼》，记录孔子与弟子的言论等。

» 《小戴礼记》

"三礼" 及 "大、小戴礼记" 比较

书名	周礼	仪礼	礼记	
			大戴礼记	小戴礼记
作者	相传为周公所作	古文家认为是周公，今文家认为是孔子	秦汉儒者 （孔子弟子及其后辈）	
选编			戴德	戴圣
篇数	6 篇	古文亡佚，今存 17 篇	85 篇，今存 40 篇	49 篇
内容	记述周代官制和社会规范	记载礼仪规范	解释仪礼，含哲理、政治，还有礼乐器物、生活礼节	

中国的礼乐文化

1

礼，履也。所以事神致福也

2

《礼》以节人，《乐》以发和

3

礼者，所以定国家、安社稷、存人民、利后嗣者也

4

孔子是周代礼乐文化的继承者和倡导者

做人四不可

敖①不可长，欲不可从②，志不可满，乐不可极。

注释

① 敖：同"傲"。

② 从：同"纵"。

译文

傲气不可滋长，欲望不可放纵，志气不可自满，享乐不可超限。

敖不可长

欲不可从

志不可满

乐不可极

智慧小学堂

　　《礼记》是古代规范人们做人做事尺度的书，书中内容围绕儒家思想展开，对个人修养、家庭等方面的行为，都做出了严格的规定。作为一个有道德修养的人，这里讲到的"四不可"一定要严格遵守。

礼为一切事物的标尺

夫礼者，所以定亲疏、决嫌疑、别同异、明是非也。

译文

礼，是用来规范人们之间的亲疏关系、决断事理上的疑问、分辨事物的异同、明确道理上的是非的。

智慧小学堂

　　"礼"在古代思想家们的具体实践中，是评判一切事物的根本标准之一；在古代思想家们看来，人们组成社会要想让这么多的人和谐生活，就必须确立一定的规则，让人们遵守。在这样的背景下，思想家们便引入了"礼仪"来规定人们的行动。

言多必失
yán duō bì shī

礼，不妄说①人，不辞费。
lǐ　bú wàng yuè rén bù cí fèi

注释

① 说：后作"悦"。

译文

依礼而言，不随便讨好人，不说多余的话。

　　即便是在今天，在实际生活中我们与人沟通之时，如果不停地说话，大概率也会在不经意间说出一些伤及对方的话。与人交谈，遵守应有的礼仪，没必要刻意讨好他人，这样反而会让自己显得很低劣。

依礼而行

礼，不逾节，不侵侮，不好狎。

译文

依礼而行，不超越节度，不侵犯侮辱他人。

智慧小学堂

　　"礼"是一种大众共同认可的行事准则，依照着礼仪行事，即便最终出现了错误也不会有很大问题，而且依礼而行，也不会出现那种侮辱他人的情形。

信守诺言为礼

xìn shǒu nuò yán wéi lǐ

xiū shēn jiàn yán　　wèi zhī shàn xíng
修身践言，谓之善行。

译文

加强自身修养，实践许下的诺言，便可称之为"善行"。

智慧小学堂

　　"礼"的规定是多种多样的，而一个人是否有信用也在礼的规定之内。在儒家思想中，道德是一切行动的先决条件，即便是礼也排在道德之后。信守诺言为礼，更多是从道德修养上进行阐述。

礼的具体表现

行修言道，礼之质也。

译文

行为有修养，言谈合乎道理，这就是礼的本质。

智慧小学堂

　　我们该如何判断一个人是否具备礼仪呢？其实这里已经给出了答案：行为有修养，言谈有道理，便可以说这个人是有礼的人。

见贤思齐为礼

礼，闻取于人，不闻取人。礼，闻来学，不闻往教。

译 文

关于礼的学问，只听说到别人那儿取法学习，没听说主动要求别人来学习；只听说前来投师学习，没听说主动前去教授。

　　关于礼的学问，从来都是我们去往他人之处进行学习的，倒是没有听说过让别人跟随自己学习礼仪的；要求他人来向自己学礼，已经算是傲慢了，怎么能够再去教授别人礼呢？

人生百年的区别

人生十年曰幼，学。二十曰弱，冠。三十曰壮，有室。四十曰强，而仕。五十曰艾，服官政。六十曰耆，指使。七十曰老，而传。八十、九十曰耄，七年曰悼。悼与耄，虽有罪，不加刑焉。百年曰期，颐。

译文

人长到十岁称为"幼"，开始学习。二十岁称为"弱"，行冠礼。三十岁称为"壮"，娶妻成家。四十岁称为"强"，可以外出做官。五十岁称为"艾"，可以独当一面处理政事。六十岁称为"耆"，可以指导使唤他人。七十岁称为"老"，应该把重要的事情传给子孙了。八十岁、九十岁称为"耄"。七岁称为"悼"。"耄"和"悼"即使犯有罪过，也不施加刑罚。百岁老人称为"期"，应当颐养天年了。

七岁称为"悼"

十岁称为"幼"，
开始学习

二十岁称为"弱"，要举
行冠礼

三十岁称为"壮"，
娶妻成家

四十岁称为"强"，可
以外出做官

五十岁称为"艾"，
可以独当一面处理政事

六十岁称为"耆"，可以
指导使唤他人

七十岁称为"老"，
应该传重要事情于子孙了

八十岁、九十岁
称为"耄"

百岁老人称为"期"，
应当颐养天年了

尊长者为礼

谋于长者，必操几杖以从[1]之。长者问，不辞让而对，非礼也。

注释

[1] 从：往。

译文

到长者那儿去商议事情，一定要附带几杖随从他。长者问话，不先谦让就回答，是不符合礼的。

　　尊老爱幼是中国的传统美德，在具体的社会实践中，尊老这样的事情，被写入礼中，用以指导所有人行动。从另外一个意义上说，年长者因为人生阅历以及具体的社会经验，在处理事情上确实更有办法和智慧，因此给予年长者更多的尊重也是应该的。

bǎi shàn xiào wéi xiān
百善孝为先

fán wéi rén zǐ zhī lǐ, dōng wēn ér xià qìng, hūn dìng ér chén xǐng, zài chǒu yí bù zhēng.

凡为人子之礼，冬温而夏清，昏定而晨省，在丑夷不争。

译文

凡做儿子的礼仪，应使父母在冬天里感到温暖，在夏天里感到凉爽，晚上要为父母铺床而早晨要向父母请安，在众同辈之中不和人争斗。

智慧小学堂

　　古代社会以"孝"为稳定社会整体运行的基础，绝不单单是思想上的提倡，无论是儒家思想，还是具体的律法中，对孝都做了严苛的规定。而在礼的规定中，更是细致说明了子女应该如何照顾父母。让父母冬天感到温暖，夏天感到凉爽，就是具体执行目标。

父母在不可纯素

为人子者，父母存，冠、衣不纯①素。孤子②当室，冠、衣不纯采。

注释

① 纯：古代衣裳、鞋帽的镶边。
② 孤子：未婚娶而父已亡故。

译文

做儿子的，父母在世，衣帽不镶白边；父母去世，孤子主持家事，衣帽不镶彩边。

智慧小学堂

　　父母在世的时候，绝不能穿有白边的衣服，因为只有父母去世，子女才可以着素服以示悼念。在今天的我们看来，这样的规定非常可笑，但究其本质其实还是为了强调"孝"的重要性。

孝子不处危险之境

孝子不服暗，不登危，惧辱亲也。

（译）（文）

　　孝子不在黑暗中做事，不登临危险之地，害怕（因出危险而）辱没父母的名声。

　　此处内容还是围绕"孝"展开，父母在世的时候，做儿女的绝对不能做危险的事情，防止自己出意外而无法照顾父母；而且作为子女，在外人面前要注意自己不要做出损害父母名誉的事情。

客随主便
kè suí zhǔ biàn

若非饮食之客，则布席，席间函丈。主
ruò fēi yǐn shí zhī kè　　zé bù xí　　xí jiān hán zhàng　　zhǔ

人跪正席。客跪抚席而辞。客彻重席❶，主
rén guì zhèng xí　　kè guì fǔ xí ér cí　　kè chè chóng xí　　zhǔ

人固辞。客践席，乃坐。主人不问，客不先
rén gù cí　　kè jiàn xí　　nǎi zuò　　zhǔ rén bú wèn　　kè bù xiān

举。将即席，容毋怍。两手抠衣去齐❷尺。衣
jǔ　　jiāng jí xí　　róng wú zuò　　liǎng shǒu kōu yī qù zī　　chǐ　　yī

毋拨，足毋蹶。
wú bō　　zú wú jué

注释

❶ 彻：撤去。重席：为了表示尊敬，主人给客人铺两重坐席。

❷ 齐：衣服的下摆。

译文

　　如果请来的不是饮酒吃饭的客人，为他布席时应当宽敞一些，席与席之间大约应有一丈间隔。主人跪下为客人整理席位时，客人应当跪下用手按席表示辞谢。客人要撤掉垫在上面的席子时，主人

要再三请他不要撤去。客人登席，主人才就坐。主人不发问，客人不抢先说话。将要入席时，脸色不要有变化，要用双手提起衣裳，使衣裳的下摆离地面一尺左右。衣裳不要摆动，脚步不能急促。

如果请来的不是饮酒吃饭的客人，为他布席时应当宽敞一些，席与席之间大约应有一丈间隔。

主人跪下为客人整理席位时，客人应当跪下用手按席表示辞谢。

客人要撤掉垫在上面的席子时，主人要再三请他不要撤去。

客人登席，主人才就坐。

主人不发问，客人不抢先说话。

将要入席时，脸色不要有变化，要用双手提起衣裳，使衣裳的下摆离地面一尺左右。

智慧小学堂

中国自古便有"好客"的文化基因，具体表现在实践中就是中国人对待客人时的庄重以及热心。本篇内容讲述的是，客人上门时，主人该如何迎接，各种规矩看着极为死板，但其本质还是体现"礼"的用处。

审时度势

shěn shí duó shì

侍坐于君子，君子欠伸，撰杖屦，视日
蚤莫❶，侍坐者请出矣。

注释

❶蚤莫：早暮。

译文

在君子身旁陪坐，如果君子打呵欠，伸懒腰，摆弄拐杖、鞋子，
观看天色早晚，陪坐的人就应该请求告退了。

　　在别人家做客的时候，看到主人家有伸懒腰等很是无聊的动作时，作为客人，我们就要审时度势地起身告辞了，因为主人家已经开始表现出不耐烦了，这种时候再攀谈下去，就有些不恰当了。

长者为贤
zhǎng zhě wéi xián

侍坐于长者，屦不上于堂，解屦不敢当
shì zuò yú zhǎng zhě　jù bú shàng yú táng　jiě jù bù gǎn dāng

阶。就屦，跪而举之，屏于侧。乡[1]长者而
jiē　jiù jù jù　guì ér jǔ zhī　bǐng yú cè　xiàng zhǎng zhě ér

屦，跪而迁屦，俯而纳屦。
jù　guì ér qiān jù　fǔ ér nà jù

注释

[1] 乡：同"向"。

译文

在长辈身旁陪坐，不能穿着鞋上堂，也不能在堂前台阶上脱鞋。穿鞋时，要跪着拿起鞋子，退避到一旁再穿。如果面朝长辈穿鞋，要先跪下把鞋移开，再俯身穿上鞋子。

智慧小学堂

　　在尊老爱幼的文化背景下，《礼记》用了非常多的具体规定来表达尊老爱幼的思想倡导，例如在此处内容中，长者在堂时，后辈一定要表现出恭敬来。穿鞋等具体规定，本质是为了表达对长者的尊重。

二人坐，勿穿过

离坐离立❶，毋往参焉。离立者，不出中间。

注 释

❶ 离坐离立：两个人并坐或并立。

译 文

见两个人坐在一起，或两个人站在一起，不要侧身插入他们中间。见两人并立时，不从当中穿过。

智慧小学堂

　　这个非常容易理解，即便是在今天，这个礼仪制度依然被人们所严格执行，看到两个人交谈或并坐并立的时候，从二人中间穿过，这样的做法是非常不礼貌的。

将危险留给自己

凡遗人弓者：张弓尚筋，弛弓尚角；
右手执箫，左手承弣**❶**。

注 释

❶ 弣：弓中部把手处。

译 文

凡献弓给人的，张了弦的弓要使弓弦朝上，没张弦的弓要使弓背朝上，右手拿着弓的末端，左手托着弓背的中部。

智慧小学堂

　　这里的将危险留给自己，理解起来会比较难，如果把赠弓箭换成递送剪刀等尖锐物，就很容易理解了。在我们的礼仪中，在给他人递送剪刀等尖锐物的时候，一定要将尖锐的一端对着自己，将末端对着对方，这样才是有礼貌的表现，同时也能够减少危险。

受命于公须用心

shòu mìng yú gōng xū yòng xīn

凡为君使者，已受命，君言不宿于家。

fán wéi jūn shǐ zhě　yǐ shòu mìng　jūn yán bú sù yú jiā

译文

　　凡作为国君使者出使的，一旦接受了命令就必须立即出发，不得带着君命在家过夜。

智慧小学堂

　　如果是在政府部门工作，做任何工作时都需要格外用心去处理，因为公事与私事在本质上是有所不同的。《礼记》中所传达的那种"忠君"思想，我们完全可以予以抛弃，但其中对待公事谨慎用心的态度，依然是值得我们学习的。

君子不强求

博闻强识而让，敦善行而不怠，谓之君子。君子不尽人之欢，不竭人之忠，以全交也。

（译）（文）

博闻强记而能够谦让，一直坚持做善事而不懈怠，可称之为君子。君子不要求别人无尽地喜欢自己，也不要求别人全力为自己尽忠，以使交情得以完美地保持下去。

智慧小学堂

　　知识广博依然能够谦和对待他人，并且还能够不断学习的人，是可以称为君子的。一个有修养的人，绝对不会强求他人喜欢自己所喜欢的事情，同时也不会强求他人一心一意对自己。

逝者为大
shì zhě wéi dà

知生者吊❶，知死者伤❷。知生而不知死，吊而不伤。知死而不知生，伤而不吊。

注 释

❶ 吊：慰问词。

❷ 伤：悼念词。

译 文

　　与死者的亲属相识的要向亲属致慰问词，与死者相识的要向死者致悼词。只与亲属相识而不认识死者的，仅致慰问词而无须致悼词；只与死者相识而不认识其家属的，仅致悼词而不必致慰问词。

智慧小学堂

　　在传统文化中，"孝"作为社会活动的重要准则，无论是律法还是人们的习惯，都对"孝"有具体的阐述。丧礼在中国传统文化所占的比重之大，超过很多人的想象，尤其是在儒家思想重"礼仪"的背景之下，自然就有了"逝者为大"这样的思想。

xīn cún gōng jìng wéi lǐ

心存恭敬为礼

fán zhí zhǔ qì　　zhí qīng rú bú kè

凡执主器，执轻如不克。

译文

　　凡为主人拿器物，要举轻若重，即使东西很轻，也要做出不胜重负的样子（以表示小心恭敬）。

智慧小学堂

　　礼的核心不是外在的规定，而是内心的庄重，为尊者拿器物，即便很轻但在内心也要有恭敬之心。礼绝不是外表合乎规则便为礼的，而是一种源自内心的认可。

gōng shì bù sī yì
公事不私议

gōng shì bù sī yì
公事不私议。

译文

凡是公家的事情，不许私下议论。

在政府单位工作的人，绝不能把所做的公事拿到私底下进行议论，这是一个人最起码的道德修养。放到当下时代里，我们在工作中所遇到的事情，也不能够拿到私底下与人议论。

天子五官

天子之五官，曰司徒、司马、司空、司士、司寇。

译文

天子设立的五官名叫司徒、司马、司空、司士、司寇。

五官

司徒　　　司马　　　司空　　　司士　　　司寇

智慧小学堂

先民最初在组建社会的时候，设立各种规则制度去管理百姓，后来贤者建立政权之后，便设立各种各样专职的官位，去专门管理对应的事情。例如这里所说的天子五官，是我们在影视剧里面经常看到的官位，很早就在《礼记》有记载了。

liù fǔ guān yuán
六府官员

tiān zǐ zhī liù fǔ ❶，yuē sī tǔ、sī mù、sī shuǐ、sī

天子之六府❶，曰司土、司木、司水、司

cǎo、sī qì、sī huò

草、司器、司货。

注释

❶ 六府：主管收藏六种税赋物品的府库。

译文

天子设立的六府之官名叫司土、司木、司水、司草、司器、司货。

司土

司水

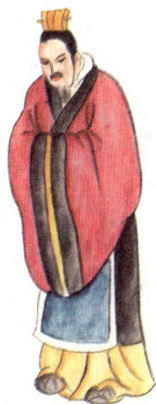

司草

司器

司木

司货

智慧小学堂

　　天子设立的六府官员，主要职责是管理国家日常的琐事，衣食财货都有专门的部门进行管理，本质上与我们今天政府所设立的部门没有多大的区别。

亲人去世之后的称呼

生曰父、曰母、曰妻；死曰考、曰妣、曰嫔[1]。

注释

[1] 嫔：嫔是妇人的美称，本为生称，此处特指已死的妇女。

译文

他们在世时分别称为父、母、妻；死后就称为考、妣、嫔。

先考
先妣

之墓

"礼"有定次序明尊卑的作用，在古时候，亲人去世之后，不同身份的人称呼也会有所不同，从死亡后的称呼便能倒推出来，亲人活着时候的尊卑地位。

天下为公
tiān xià wéi gōng

大道❶之行也，天下为公。
dà dào　zhī xíng yě　tiān xià wéi gōng

注释

❶ 大道：指五帝时代的治理天下之道。

译文

大道通行的时代，天下为民众所公有。

　　在最古老的时候，社会是没有长幼尊卑以及秩序的，也没有阶级区别，直到有了贵族或者说自诩为管理者的人出现之后，便有了上下尊卑的区别，这些概念都是封建糟粕的残留。

教育为天下先
jiào yù wéi tiān xià xiān

jūn zǐ rú yù huà mín chéng sú　　qí bì yóu xué hū
君子如欲化民成俗，其必由学乎！

（译）（文）

　　君子如果要想教化人民，移风易俗，就一定要从办学兴教做起！

智慧小学堂

中国自古便有尊重知识，积极求学的习俗，尤其是在孔子时代，专属贵族的知识开始渐渐被传入普通民众群体。当时的思想家们，根据社会实际情况提出，要想治理一个地方，首先要兴办教育开启民智。

严师出高徒
yán shī chū gāo tú

凡学之道，严师为难。师严然后道尊。
fán xué zhī dào　　yán shī wéi nán　　shī yán rán hòu dào zūn

译 文

　　大凡在求学的过程中，学生尊敬老师是最难做到的。只有老师受到了尊敬，他所教授的道理才能受到尊重。

教育是老师与学生的一个互动过程，很多知识在学习过程中是需要不断重复练习的，这个过程非常痛苦，如果此时能够遇到一位非常严厉的老师，于学生而言便是一件幸福的事情。

shàn xué zhě shī yì ér gōng bèi
善学者师逸而功倍

shàn xué zhě　　shī　yì　ér　gōng bèi　　yòu cóng ér yōng　zhī
善学者，师逸而功倍，又从而庸❶之。

注 释

❶庸：功劳。

译 文

　　善于学习的人，老师无须费多少气力就可以取得事半功倍的效果，而且还能够将功劳归于老师。

智慧小学堂

善于学习的人，老师不需要怎么点拨，便能够高效学习，究其本因，善于学习的人都有着以学习为乐趣的态度，这个态度是大多数人所稀缺的。

职业与着装

夫子之服，其儒服与？

译文

先生的衣裳，大概就是儒者应该穿的服装吧？

智慧小学堂

一个人的道德修养提升之后，其所显露在外面的气质也会得到提升，就拿着装来说，道德修养高尚的人，绝不会去穿着一些奇装异服。同时，君子也是格外注重外貌的，衣着合乎身份也是礼的规定。

朋友要志同道合

儒有合志同方，营道同术。

译文

儒者交朋友要有相同的志向和意趣，研习道艺有相同的方法。

智慧小学堂

在交朋友这件事情上，儒家思想以及《礼记》之中都有专门的阐述，儒者需要寻找相同志向和意趣的人作为朋友，大家共同学习、提高。

人不学，不知道

玉不琢，不成器；人不学，不知道。是故古之王者建国君民，教学为先。

译文

玉石不经过雕琢，不能成为（精美的）玉器。人不经过学习，不会懂得（世间的）道理。所以说，古代的君王，建立国家，统治人民，都会把办学兴教放在第一位。

智慧小学堂

　　这句话是非常著名的劝学典故，意思非常明确，我们所有人都是未经加工的玉，如果不经过学习，是无法成为名器的。就学习而言，一开始是件比较痛苦的事情，但只要能够坚持下去，肯定会有所收获的。

实践才是唯一的标准

虽有嘉肴，弗食，不知其旨也；虽有至道，弗学，不知其善也。

（译）（文）

即使有美味佳肴，不亲口尝一尝，就不会知道它的滋味；即使有非常好的道理，不去认真学习，就不会懂得它的美妙。

智慧小学堂

再好的道理、再好的美食、再好的美景，如果都是来自他人的述说，自己只是听说，那么对你而言是没有任何实际体验的。无论任何事情，只有当自己真正感受过一次之后，才能知道好坏。

教育之道

jūn zǐ zhī jiào yù yě　　dǎo　ér fú qiān　qiǎng　ér fú
君子之教喻也，道❶而弗牵，强❷而弗
yì　　kāi ér fú dá　　dǎo ér fú qiān zé hé　　qiǎng ér fú yì zé
抑，开而弗达。道而弗牵则和，强而弗抑则
yì　　kāi ér fú dá zé sī　　hé yì yǐ sī　　kě wèi shàn yù yǐ
易，开而弗达则思。和易以思，可谓善喻矣。

注 释

❶ 道：引导。

❷ 强：劝勉。

译 文

　　君子教育学生的方法，是去引导学生而不是强制灌输，是去鼓励学生进取而不是去抑制思维，是去多方面加以启发且又不说透的教学方法。加强引导而不强制，就能使学生心平气和地学习；鼓励进取而不抑制，就会使学生感到知识容易接受；加以启发且不说透，就会使学生勤于思索。学生在学习过程中就能够做到心平气和地学习，而且感到学习起来比较容易，而又养成了勤于思索的习惯，这就可以称之为善于教学了。

智慧小学堂

在今天，几乎所有人都知道学习的重要性，日常生活中"教育"是人们经常讨论的话题，这里从老师的角度出发，讲述该如何让学生学到更多的知识。

学生的四种错误

学者有四失，教者必知之。人之学也，或失则多，或失则寡，或失则易，或失则止。此四者，心之莫同也。知其心，然后能救其失也。教也者，长善而救其失者也。

译文

学生容易犯四种错误，教师在教学过程中一定要注意。人们在学习过程当中，有的失于贪多，有的失于求少，有的失于求易，有的失于半途而废。以上四者，心理变化都是不一样的，各有各的特点。只有了解学生们的各种心理，才能纠正他们容易犯的各种错误。教育目的的根本，就在于使人的长处得到发扬，使他们的错误得到纠正。

　　学生在学习过程中，大都会犯这四种错误，作为教育者，一定要有针对性地去处理这些错误，如此才能将知识更高效地传播出去。而且作为学生，我们自己也需要时刻注意不要犯这四种错误。

图书在版编目（CIP）数据

藏在四书五经里的那些智慧：思维导图彩绘版．礼记 / 新新世纪编 . —— 五家渠：新疆生产建设兵团出版社，2022.3

ISBN 978-7-5574-1781-9

Ⅰ．① 藏… Ⅱ．① 新… Ⅲ．① 儒家 ② 四书—儿童读物 ③ 五经—儿童读物 ④ 礼仪—中国—古代 ⑤《礼记》—儿童读物 Ⅳ．① B222.1-49 ② Z126.1-49

中国版本图书馆 CIP 数据核字（2022）第 032761 号

责任编辑 : 吴秋明

藏在四书五经里的那些智慧：思维导图彩绘版 . 礼记

出版发行	新疆生产建设兵团出版社
地　　址	新疆五家渠市迎宾路 619 号
邮　　编	831300
电　　话	0994-5677185
发　　行	0994-5677116
传　　真	0994-5677519
印　　刷	三河市双升印务有限公司
开　　本	710 毫米 ×1000 毫米　1/16
印　　张	40
字　　数	40 千字
版　　次	2022 年 3 月第 1 版
印　　次	2022 年 4 月第 1 次印刷
书　　号	ISBN 978-7-5574-1781-9
定　　价	188.00 元

新新世纪 ◎ 编

藏在 四书五经 里的

那些智慧

大学 中庸

新疆生产建设兵团出版社

　　"四书五经"是儒家经典著作"四书"和"五经"的合称,"四书"指《大学》《中庸》《论语》《孟子》,"五经"指《诗经》《尚书》《礼记》《易经》《春秋》。它们是儒家文化的核心载体,是中华民族最为宝贵的精神财富。在我国古代,上至帝王将相,下至黎民百姓,都会以"四书五经"为根本依据去修身、齐家、治国、立德。作为现代人要想真正承继以及了解中国传统文化经典,就必须从阅读"四书五经"开始。

　　"四书五经"内容博大精深,有着深厚的文化内蕴,阅读时必须逐句逐段仔细琢磨品味。这套书将逐一介绍"四书"和"五经",以便使读者对"四书"和"五经"的大致内容有个基本的把握。

《大学》是论述儒家修身、齐家、治国、平天下思想根本的散文，提出的"三纲领"（明明德、亲民、止于至善）和"八条目"（格物、致知、诚意、正心、修身、齐家、治国、平天下），强调修己是治人的前提，修己的目的是为了治国平天下，说明治国平天下和个人道德修养的一致性。

《中庸》是中国古代论述人生修养境界的一部重要道德哲学专著，是儒家经典之一，原属《礼记》第三十一篇，相传为战国时期子思所作。其内容肯定"中庸"是道德行为的最高标准，认为"至诚"便能够达到人生的最高境界，并提出"博学之，审问之，慎思之，明辨之，笃行之"的学习过程和认识方法。

本书以精练生动的文字、科学简明的体例和丰富精美的图片，对儒家经典《大学》《中庸》进行了更加真实、直观、全面的解读，并将其呈现给读者，使得读者能够快速了解《大学》《中庸》中所蕴含的深厚哲理。

目录

大学

中庸

大学

《大学》的基本信息

作者
曾参

曾子，姓曾，名参，字子舆。儒学的积极推广者，孔子思想的重要发展人物

成书时代
春秋

春秋时期，礼乐崩坏，周室衰微，时局动荡，战祸不息，人民向往安定的生活

内容
初学入德之门

宋代理学家朱熹自《礼记》中取出《大学》一篇，分经一章，传十章，并作注

曾子与孔子的关系

曾子得到了孔子的真传

孔子之后，曾子将儒学继续发扬光大

三纲领

"大学之道，在明明德，在亲民，在止于至善。"这是《大学》的第一句话，是儒家学者的终极理想。儒家学者认为成人学习的根本有三点：

❶ 明明德

要把原本人自身所具备的善良通明的品德展现出来

❷ 亲民

身躬力行地与周遭人相亲近，知其所难，助其所危

❸ 止于至善

将事物做到尽善尽美而不动摇

八条目

① 格物

推究事物的原理，增长见识

② 致知

从推究事物之理中，求为真知。物格而后知至

③ 诚意

意念诚实。严格要求自己，修养德性

④ 正心

去除各种不安的情绪，不为物欲左右，保持心灵的安静

⑤ 修身

不断提高自己的品德修养

⑥ 齐家

管理好自己的家庭

⑦ 治国

为政以德，实行德治，施仁政于国中

⑧ 平天下

布仁政于天下，使天下太平

① 止
知道目的和
标准

② 定
目的既明，方向明
确，则心志便能确定
不移了

③ 静
心志确定下来，知道为什么
而活，向着哪个方向去努
力，就会平心静气了

六步骤

④ 安
随处而安稳

凡事需周密考虑后再
行动

⑤ 虑

⑥ 得
有完成、达成的意思

释"经文"

jīng wén

dà xué zhī dào　　zài míng míng dé❶　　zài qīn❷ mín　　zài zhǐ
大学之道，在明明德❶，在亲❷民，在止

yú zhì shàn
于至善。

gǔ zhī yù míng míng dé yú tiān xià zhě　　xiān zhì qí guó　　yù
古之欲明明德于天下者，先治其国；欲

zhì qí guó zhě　　xiān qí qí jiā　　yù qí qí jiā zhě　　xiān xiū qí
治其国者，先齐其家；欲齐其家者，先修其

shēn　　yù xiū qí shēn zhě　　xiān zhèng qí xīn　　yù zhèng qí xīn zhě
身；欲修其身者，先正其心；欲正其心者，

xiān chéng qí yì　　yù chéng qí yì zhě　　xiān zhì qí zhī　　zhì zhī zài
先诚其意；欲诚其意者，先致其知；致知在

gé wù❸
格物❸。

注释

❶ 明明德：前一个"明"为动词，使……明显。明德，就是美德，
光明的德行。

❷ 亲：革新、自新。

❸ 致知：致，达到，求得。知，知识。格物：推究事物的原理。

译文

　　大学的主旨，在于弘扬光明正大的品德，在于使人弃旧向新，在于使人的道德达到最完善的境界。

　　在古代，想要在天下弘扬光明正大的品德，首先要治理好他的国家；想要治理好自己国家的人，首先要治理好他的家庭；想要治理好自己家庭的人，首先要努力提高自身的品德修养；想要提高自身品德修养的人，首先要使他心正不邪；想要心正不邪，首先要他自己意念诚实；想要意念诚实，首先要获得一定的知识；而获得知识的方法就在于认识、研究万事万物的原理。

释 "明明德"
shì　　míng míng dé

《康诰》① 曰："克明德。"
kāng gào　　yuē　　kè míng dé

《大甲》② 曰："顾诶天之明命③。"
tài jiǎ　　yuē　　gù shì tiān zhī míng mìng

《帝典》④ 曰："克明峻⑤德。"皆自明也。
dì diǎn　　yuē　　kè míng jùn　dé　　jiē zì míng yě

注释

①《康诰》：是《尚书·周书》中的篇名。

②《大甲》：即《太甲》。

③ 顾：回顾，这里指想念。诶：是，此。明命：即光明的德性。

④《帝典》:《尚书·虞书》中的篇名。

⑤ 峻：大，崇高。

译文

《康诰》中说："能够崇尚美德。"

《太甲》中说："经常想念上天赋予的美德。"

《帝典》中说："使大德能够显明。"这些都是说要使自己的美德得以发扬。

释"新民"

汤之《盘铭》曰:"苟❶日新,日日新,又日新。"《康诰》曰:"作新民。"《诗》曰:"周虽旧邦❷,其命❸惟新。"是故君子无所不用其极❹。

注 释

❶苟:假如,如果。

❷周:指周国。邦:古代诸侯封国之称。

❸命:天命。

❹君子:这里指统治者。极:尽头,顶点。

译 文

成汤在盘器上镂刻警辞说:"如果能够做到一天革新,就应该保持天天革新,革新了之后还要革新。"《尚书·康诰》中说:"激励人们焕发新的风貌。"《诗经·大雅·文王》中说:"周国虽然是旧的诸侯国,但却革新了天命和民众风貌。"所以,那些有品德的人无时无刻不在追求道德最高境界。

释"止于至善"

如切如磋者，道学也；如琢如磨者，自修也；瑟兮僩兮者，恂慄[1]也；赫兮喧兮者，威仪也；有斐君子，终不可諠[2]兮者，道盛德至善，民之不能忘也。

jūn zǐ xián qí xián ér qīn qí qīn　　xiǎo rén lè qí lè ér lì qí
君子贤其贤而亲其亲，小人乐其乐而利其

lì　　cǐ yǐ mò shì bú wàng yě
利，此以没世不忘也。

注 释

❶ 恂慄：谦恭谨慎的样子。
❷ 諠：同"谖"，忘记。

译 文

　　"如切如磋"，是说他研求学问的功夫；"如琢如磨"，是指自我修炼的精神；"瑟兮僩兮"，是说他内心谨慎而有所戒惧；"赫兮喧兮"，是说他令人敬畏的仪表；"有斐君子，终不可谊兮"，是说他品德非常高尚，到达了最完善的境界，人民所以不能忘记他啊。

　　这是因为君子们能够以前代的君王为榜样，尊敬他们所尊敬的贤人，亲近他们所亲近的亲人；后世人民，一般平民百姓也都蒙受恩泽，享受安乐获得利益。所以在他们去世以后永久也不会被人们忘记啊！

智慧小学堂

　　《大学》开篇便直接阐述了在儒家思想体系下，一个人应该如何让自己成为优秀的人，其中最重要的便是"修身，齐家，治国，平天下"，由小及大是有顺序可遵循的。一个普通人严格遵照这个顺序去做，最终是能够成为大有用处的人呢。

释 "本末"

无情①者不得尽其辞。大畏②民志，此谓知本。

注释

① 无情：情况不真实。

② 畏：作动词，让……敬服。

译文

圣人使隐瞒真实情况的人不敢花言巧语，自然没有争讼。让人民敬服圣德，没有争讼，这才叫知道根本。

智慧小学堂

　　我们都知道做事情不能本末倒置，在《大学》中对于"本末"的解释，却落在了诉讼上，在这里我们完全可以批判性地继承"本末倒置"的道理。知道什么是最正确的，然后去践行才是我们应该学习的。

释"格物致知"

此谓知本。此谓知之至也。

（译）（文）

这才叫知道听讼的根本。这才叫了解得彻底。

智慧小学堂

对于"格物致知"的阐述，随着时代的变化会有所不同，在《大学》中对此是没进行深入解释的，我们现如今所知道的"推究事物原理，从而获得知识"的解释，是后世儒学家的解释。知识这个事情，很多时候便是如此，它是变动的，会随着时代的变迁而产生变化。

释 "诚意"

所谓诚其意者：毋自欺也。如恶恶[1]臭，如好好[2]色，此之谓自谦[3]。故君子必慎其独[4]也！

注 释

[1] 恶恶：前一个"恶"字，动词，厌恶。后一个"恶"字，形容词，难闻的。

[2] 好好：前一个"好"字，动词，喜爱。后一个"好"字，形容词，美丽的。

[3] 谦：同"慊"，满足。

[4] 独：独处。

译 文

经文中所说"诚其意"的意思，是说不要欺骗自己。就像厌恶恶臭的气味一样，喜爱善良如同喜爱美色一样，这样才能使自己心满意足。所以，君子致力于自修，在一个人独处、所行所为没有别人知道的时候，也一定要特别慎重。

释"正心修身"

所谓修身在正其心者，身有所忿懥，则不得其正；有所恐惧，则不得其正；有所好乐，则不得其正；有所忧患，则不得其正。心不在焉，视而不见，听而不闻，食而不知其味。此谓修身在正其心。

译文

"修身在正其心"的意思，是说心里有了愤怒，于是心就不得端正；有了恐惧，于是心就不得端正；有了贪图，于是心就不得端正；有了忧虑，于是心就不得端正。如果心不专注，心中有了愤怒、恐惧、贪图、忧虑而不知检查，为它们所支配。那么，眼睛看着东西却像没有看到，耳朵听着声音却像没有听到，口里吃着东西也不知道是什么滋味了。所以说修身在于端正自己的心。

释"修身齐家"

所谓齐其家在修其身者，人之其所亲爱而辟焉，之其所贱恶而辟焉，之其所畏敬而辟焉，之其所哀矜而辟焉，之其所敖惰而辟焉。故好而知其恶，恶而知其美者，天下鲜矣！

译 文

　　所说"齐其家在修其身"的意思，是说一般人对于自己所亲近爱护的人往往有过分亲近的偏向；对于自己所轻蔑厌恶的人往往有过分轻蔑厌恶的偏向；对于自己所畏服敬重的人往往有过分敬畏尊重的偏向；对于自己所哀怜悯恤的人往往有过分哀怜悯恤的偏向；对于自己所鄙视怠慢的人往往有过分鄙视怠慢的偏向。所以，喜爱一个人而又能了解他的坏处，厌恶一个人而又能了解他的好处，这种人真是天下少有了！

释"齐家治国"

所谓治国必先齐其家者，其家不可教而能教人者，无之。故君子不出家而成教于国。孝者，所以事君也；弟者，所以事长也；慈者，所以使众也。

译文

所谓治理国家必须首先治好家庭，意思是说，如果连自己的家人都不能教育好而能教育好一国人民的人，那是没有的。所以，君子能够不出家门，就把他的教化推广及于全国。在家里孝顺父母，就是能侍奉君主的；在家里恭顺兄长，就是能侍奉尊长的；在家里慈爱子女，就是能善于使用属下和民众的。

智慧小学堂

无论是在古代还是现代社会，家庭都是维系社会稳定最基础的单位，这个道理在古代便已经被思想家们所想到，儒家思想体系从社会现实出发，配合个人的发展路径，便以"修身，齐家，治国，平天下"一套体系来对个体进行培养，而"齐家"更是重中之重。

宜其家人，而后可以教国人。

宜兄宜弟，而后可以教国人。

其为父子兄弟足法，而后民法之也。此

谓治国在齐其家。

译 文

国君只有使一家人和睦相亲，而后才能教育全国的人民。

国君只有使自家兄弟和睦相处，互相友爱，而后才能教育全国的人民。

国君要使自己家中的人，做父亲的讲慈爱，做儿子的讲孝顺，做兄长的讲友爱，做弟弟的讲恭敬，只有使他们的言行足以成为全国人民的标准，然后全国人民才会效法。这些都说明，国君要治理好国家，首先要治理好他的家庭。

智慧小学堂

儒家所发展的"修身、齐家、治国、平天下"体系，是依据当时的社会现实所提出，在当下时代，这样的思想体系依然有其闪光点，但却与我们时代的价值观稍有不同，但其中的"修身、齐家"是我们的立身之本，这两项无论任何时代都值得去践行。

释"治国平天下"

suǒ wèi píng tiān xià zài zhì qí guó zhě shàng lǎo lǎo ér mín
所谓平天下在治其国者，上老老❶而民

xīng xiào shàng zhǎng zhǎng ér mín xīng tì shàng xù gū ér mín bú
兴孝；上长长❷而民兴弟；上恤孤而民不

bèi shì yǐ jūn zǐ yǒu xié jǔ zhī dào yě
倍❸。是以君子有絜❹矩之道也。

mín zhī suǒ hào hào zhī mín zhī suǒ wù wù zhī cǐ zhī wèi mín
民之所好好之，民之所恶恶之。此之谓民

zhī fù mǔ
之父母。

shì gù jūn zǐ xiān shèn hū dé yǒu dé cǐ yǒu rén yǒu rén
是故君子先慎乎❺德。有德此有人，有人

cǐ yǒu tǔ yǒu tǔ cǐ yǒu cái yǒu cái cǐ yǒu yòng
此有土，有土此有财，有财此有用。

注释

❶ 老老：尊敬老人。

❷ 长长：尊重长辈。

❸ 恤：体恤，怜爱。倍：同"背"，违背。

❹ 絜：量度。

❺ 乎：在。

译文

所谓要使天下太平在于治理好国家，是因为国君尊敬老人，便会使孝敬之风在全国人民中兴起；国君尊敬长辈，便会使尊重长者之风在全国人民中兴起；国君怜爱孤幼，便会使全国人民照样去做。所以，做国君应当做到推己及人，在道德上起示范的作用。

国君应当喜爱人民所喜爱的东西，憎恶人民所憎恶的东西。这才能称为人民的父母。

所以，国君首先要在道德修养上慎重从事。有了道德就会有人；有了人就会有国土；有了国土就会有财富；有了财富国家就好派用场。

wéi rén rén fàng liú zhī　bǐng　zhū sì yí　bù yǔ tóng zhōng guó
唯仁人放流之，迸❶诸四夷，不与同中国。

cǐ wèi wéi rén rén wéi néng ài rén　néng wù rén
此谓唯仁人为能爱人，能恶人。

jiàn xián ér bù néng jǔ　jǔ ér bù néng xiān　mìng yě　jiàn
见贤而不能举，举而不能先，命也。见

bú shàn ér bù néng tuì　tuì ér bù néng yuǎn　guò yě
不善而不能退❷，退而不能远，过也。

hào rén zhī suǒ wù　wù rén zhī suǒ hào　shì wèi fú rén zhī
好人之所恶，恶人之所好，是谓拂人之

xìng　zāi bì dài fú shēn
性，灾必逮夫身。

shì gù jūn zǐ yǒu dà dào：bì zhōng xìn yǐ dé zhī　jiāo tài
是故君子有大道：必忠信以得之，骄泰

yǐ shī zhī
以失之。

注 释

❶ 迸：同"屏"，驱除。
❷ 退：离去。引申为摈斥。

译 文

　　只有有仁德的人，才能把这种避贤忌才的人给予流放，驱逐他到边远蛮荒的地方，不许他们住在中原地区。这就是说"只有有仁德的人，才懂得爱什么人，厌恶什么人。"

　　见到贤才而不荐举，或是举荐了却又不重用，这是以怠慢的态度对待贤才；见到坏人而不驱离，或是驱离却又不能驱离很远，这是政治上的失误。如果你喜爱大家都厌恶的坏人，厌恶大家都喜爱的好人，这违背了人的本性，灾祸必然会降临到你的身上。

　　所以贤君要在道德上起示范作用，必须以忠诚老实的态度才能获得天下，如果骄傲放纵，那就会失去天下。

智慧小学堂

　　当一个人进入公共领域并开始治理国家的时候，对自己的要求应该有所不同，但无论如何一些最基本的原则还是相同的，例如"仁德""见贤思齐"等与个人道德修养密切相关的原则，只有自己成为贤德的人才能够治理好国家。

rén zhě yǐ cái fā shēn　　bù rén zhě yǐ shēn fā cái
仁者以财发身，不仁者以身发财。

cǐ wèi guó bù yǐ lì wéi lì　　yǐ yì wéi lì yě
此谓国不以利为利，以义为利也。

（译）（文）

　　有仁德的国君会散财使自身兴起，没有仁德的国君会用尽心机聚敛财富。

　　这说明治理国家的人不能以自己的私利为利益，而应当以仁义为利益。

中庸

作者
子思

子思是孔子的孙子，其父早逝，由孔子教导

成书时代
战国

战国时期，学术领域百家齐放、各种思想开始争锋交融

《中庸》的基本信息

内容
儒家哲学

中庸，其实是一种处世方法，融入人的行为方式，就成了道德素养

不偏不倚

过犹不及

忠恕之道

《中庸》的智慧

　　《中庸》的核心思想，写出了天地和谐的自然性，是宇宙的本来状态，而天地之间的人一旦拥有这样的和谐状态，就达到很高的境界。

天地万物有其相生相息，并因此得以和谐发展的规律

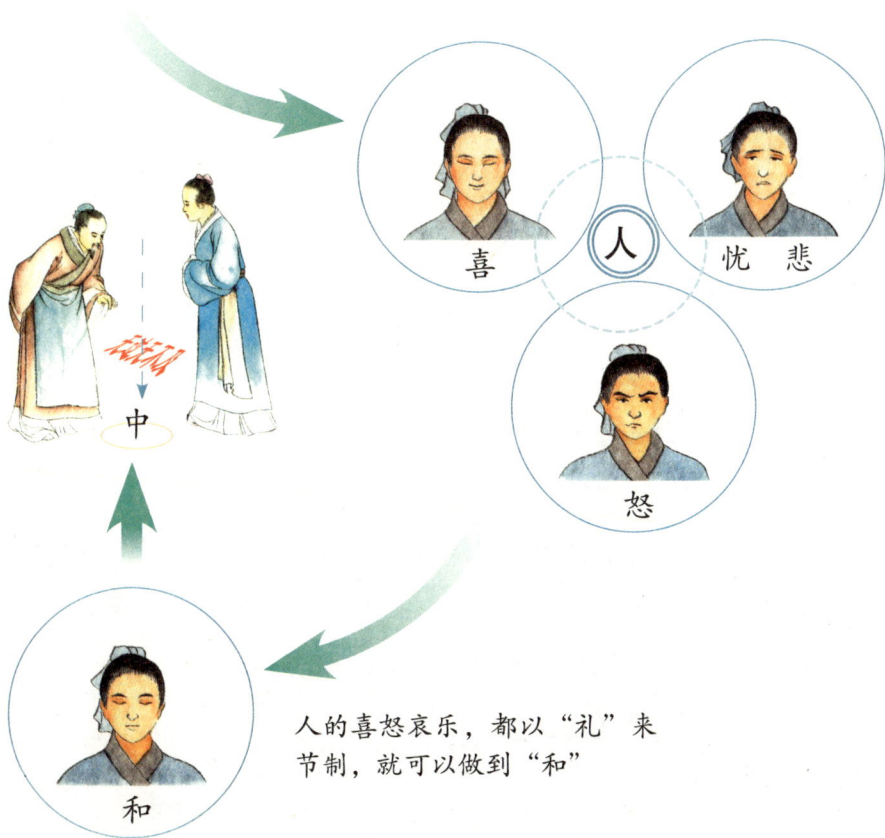

人的喜怒哀乐，都以"礼"来节制，就可以做到"和"

处世之道在于中和

喜怒哀乐之未发，谓之中❶；发❷而皆中节，谓之和。中也者，天下之大本也；和也者，天下之达道也。致中和，天地位焉，万物育焉。

注 释

❶ 中：指不偏不倚。

❷ 发：表露。

译 文

　　人们喜怒哀乐的感情没有表露出来的时候无所偏向，叫作中；表现出来以后符合法度，叫作和。中，是天下万事万物的根本；和，是天下共行的普遍标准。达到"中和"的境界，那么，天地一切都各安其所，万物的生长就茂盛了。

中庸的人生观

仲尼曰：“君子中庸❶，小人反中庸。君子之中庸也，君子而时中❷；小人之反中庸也，小人而无忌惮也。”

注 释

❶ 中庸：不偏不倚，调和折中的态度。
❷ 时中：做事恰到好处。

译 文

　　孔子说：“君子的言行都符合中庸不偏不倚的标准，小人的言行违背了中庸的标准。君子之所以能够达到中庸的标准，是因为他们的言行处处符合中道；小人之所以处处违背中庸的标准，是因为他们无所顾忌和畏惧！”

智慧小学堂

　　在孔子的思想体系以及具体实践中，他已经将"和"的思想融入了自己的思想和行动中。在《论语》一书中，"礼之用，和为贵"已经体现了孔子对"和"的追求。孔子的后代子思在前人的思想体系上继续发展，以中庸之道继续阐述孔子的思想，并且推进和发展儒家思想，为中国思想史留下了灿烂的瑰宝。

<ruby>道<rt>dào</rt></ruby><ruby>德<rt>dé</rt></ruby><ruby>的<rt>de</rt></ruby><ruby>标<rt>biāo</rt></ruby><ruby>准<rt>zhǔn</rt></ruby>

<ruby>子<rt>zǐ</rt></ruby><ruby>曰<rt>yuē</rt></ruby>："<ruby>中<rt>zhōng</rt></ruby><ruby>庸<rt>yōng</rt></ruby><ruby>其<rt>qí</rt></ruby><ruby>至<rt>zhì</rt></ruby><ruby>矣<rt>yǐ</rt></ruby><ruby>乎<rt>hū</rt></ruby>！<ruby>民<rt>mín</rt></ruby><ruby>鲜<rt>xiǎn</rt></ruby>❶<ruby>能<rt>néng</rt></ruby><ruby>久<rt>jiǔ</rt></ruby><ruby>矣<rt>yǐ</rt></ruby>。"

注 释

❶鲜：少。

译 文

孔子说："中庸是最高的道德标准了吧！可是人民已经长时间不能做到了。"

智慧小学堂

在中国文化的背景下，"和"为一切事物的最高追求以及标准。在儒家思想体系中"和"更是被提升为道德修养的至高标准。

zài xiàn dù zhī nèi zuò shì
在限度之内做事

zǐ yuē　　dào　　zhī bù xíng yě　　wǒ zhī zhī yǐ　　zhì zhě

子曰："道❶之不行也，我知之矣：知者❷

guò zhī　　yú zhě bù jí yě　　dào zhī bù míng yě　　wǒ zhī zhī yǐ

过之，愚者不及也。道之不明也，我知之矣：

xián zhě guò zhī　　bú xiào zhě　　bù jí yě　　rén mò bù yǐn shí yě

贤者过之，不肖者❸不及也。人莫不饮食也，

xiǎn néng zhī wèi yě

鲜能知味也。"

注 释

❶ 道：中庸之道。
❷ 知者：指智慧超群的人。知，同"智"，智慧，聪明。
❸ 不肖者：指不贤的人。

译 文

孔子说："中庸之道不能在天下实行，我知道原因了：聪明的人自以为是，实行的时候超过了它的标准，而愚蠢的人智力不及，不能达到它的标准。中庸之道不能为人所明了，我也知道原因了：有德行的人要求过高，因而把它神秘化了，没有德行的人要求又太低，因而把它庸俗化了。这正像人们没有谁不吃不喝，但却很少有人能够真正品尝滋味。"

智慧小学堂

作者在这里详细阐述了在限度之内做事的道理，人生活在社会中肯定是要遵守各种制度的，这里的"各种制度"可以理解为"限度"，这与哲学家所说的"自律即最大的自由"，本质上相同，在规则与限度内做事情，个人不能随意突破这些限度和规则，我们要将自我束缚在社会规则之中。

dào zhī bù kě
道之不可

zǐ yuē　　dào qí bù xíng yǐ fú
子曰："道其不行矣夫❶。"

注 释

❶ 其：助词，表示推测。矣夫：感叹语，意犹未尽的意思。

译 文

孔子说："中庸之道恐怕不能在天下实行了吧。"

虚心求学

子曰："舜其大知[1]也与！舜好问而好察迩言[2]，隐恶而扬善，执其两端，用其中于民。其斯以为舜乎！"

注释

[1] 知：同"智"。
[2] 迩言：浅近的话。

译文

孔子说："舜帝可算是一个拥有大智慧的人吧！他乐于向别人请教，而且喜欢对那些浅近的话进行仔细审查。他不宣扬别人的恶言恶行，只表彰别人的嘉言善行。他根据"过"与"不及"两个极端的偏向，用中庸之道去治理百姓。这就是舜之所以成为舜的原因吧！"

持之以恒
chí zhī yǐ héng

子曰:"人皆曰予知,驱而纳诸罟擭陷阱之中①,而莫之知辟②也。人皆曰予知,择乎中庸而不能期月③守也。"

注释

① 罟:网的总称。擭:装有机关的捕兽木笼。

② 辟:躲避,逃避。

③ 期月:一整月。

译文

孔子说:"人人都说我是明智的,但是在利欲的驱使下,却都像禽兽那样落入捕网木笼的陷阱中,连躲避都不知道。人人都说我是明智的,但是选择了中庸之道却连一个月也不能坚持下去。"

以道德为内心标准

子曰："回之为人也，择乎中庸。得一善，则拳拳服膺而弗失之矣。"

译 文

孔子说："颜回的为人，选择了中庸之道。他得到了一种好的道理，就牢牢地把它记在心中，丝毫不敢忘却。"

智慧小学堂

我们大家都知道伦理道德，却很少有人知道二者之间的区别，在思想家们看来，道德是发自我们内心的，是一种内置于我们内心的束缚；而伦理则是来自外界的约定俗成，是一种外置于我们生活的规则束缚。二者都是对个体行动进行指导。

艰难的中庸之道

子曰:"天下国家可均❶也,爵禄可辞也❷,白刃可蹈❸也,中庸不可能也。"

注释

❶ 均:平治。

❷ 爵禄:爵位俸禄。辞:辞掉。

❸ 蹈:踩踏。

译文

孔子说:"天下国家是可以治理的,官爵俸禄是可以辞掉的,锋利的刀刃是可以践踏而过的,只有中庸之道是不容易做到的。"

强者的标准

故君子和而不流❶，强哉矫❷！中立而不倚，强哉矫！国有道，不变塞❸焉，强哉矫！国无道，至死不变，强哉矫！

注 释

❶ 流：随波逐流。

❷ 矫：坚强的样子。

❸ 不变塞：不改变志向。

译 文

君子善于与人协调，又决不无原则地迁就别人，这才是真正的刚强啊！君子真正独立，不偏不倚，这才是真正的刚强啊！国家太平、政治清明时，君子不改变穷苦时的操守，这才是真正的刚强啊！国家混乱，政治黑暗时，君子到死坚持操守，这才是真正的刚强啊！

人间正道是沧桑

子曰:"君子依乎中庸,遁世不见知而不悔,唯圣者能之。"

译文

孔子说:"有些君子依着中庸之道行事,虽然避世隐居不为人们所了解,他也不悔恨,这只有圣人才能做到。"

智慧小学堂

我们都知道有非常多的贤德之人,在无法实现自己抱负的情况下,会选择隐居起来,尤其是乱世和礼崩乐坏的时代,这样的人非常多。对于这样的情况,我们不能说这些人不好,而且有大贤德的人即便没有巨大的荣耀,他自己也不会很难过。

生活是最好的老师

道不远人。人之为道而远人，不可以为道。

故君子以人治人，改而止。忠恕违道不远，施诸已而不愿，亦勿施于人。

译文

中庸之道并不是远离人们的，假若有的人在行道时使它远离人们，那就不可以叫作中庸之道了。

所以，君子以其人之道还治其人之身，直到他们改了为止。能够做到忠和恕，那就离中庸之道不远了。何为忠恕？心中不乐意别人加给自己的东西，也不要施加给别人。

君子之道明察万物

君子之道费而隐。

故君子语大，天下莫能载焉；语小，天下莫能破焉。

君子之道，造端❶乎夫妇❷，及其至也，察乎天地。

注 释

❶ 造端：开始。

❷ 夫妇：指普通男女。

译 文

君子所持的中庸之道，作用非常广泛而且本体非常精微。

因此，君子所持的道，就大处来讲，天下没有什么能承载得了的；就小处来讲，天下没有谁能剖析得了的。

君子所持的中庸之道，开始于普通男女之间，达到最高境界，却能够明察天地间的一切事物，到处存在。

智慧小学堂

君子的修身之道，具体践行起来其实也不是非常困难，只要明察万物，从身边的小事情上做起，每天进步一点点，随着时间的点滴积累，便能成为一个非常有贤德的人。就连夫妇之间的相处之道，体察明白了，也能够学到非常多的道理。

jūn zǐ bú yuàn tiān yóu rén
君子不怨天尤人

jūn zǐ sù qí wèi ér xíng　　bú yuàn hū qí wài

君子素其位而行❶，不愿乎其外❷。

zài shàng wèi　　bù líng xià　　zài xià wèi　　bù yuán shàng

在上位，不陵❸下；在下位，不援❹上。

zhèng jǐ ér bù qiú yú rén　　zé wú yuàn　　shàng bú yuàn tiān　　xià bù yóu

正己而不求于人，则无怨。上不怨天，下不尤

rén　　gù jūn zǐ jū yì　　yǐ sì mìng　　xiǎo rén xíng xiǎn yǐ jiǎo xìng

人。故君子居易❺以俟命，小人行险以侥幸。

注 释

❶ 素：处在。位：地位。

❷ 愿：倾慕，羡慕。其外：指本位之外的东西。

❸ 陵：同"凌"，凌虐，欺压。

❹ 援：攀附，巴结。

❺ 居易：处在平易而不危险的境地。

译 文

君子在自己所处的地位上行使自己所奉行的道理，从来不会羡慕这以外的东西。

君子高居上位，不会去欺侮居于下位的人。君子居于下位，也不会去攀附居于上位的人。自己正直就不会去乞求别人，这样，就无所怨恨，对上不怨恨天命，对下不归咎别人。所以，君子按照自己现时所处的地位来等候天命的到来，而小人则企图以冒险的行为来求得偶然成功或意外免除不幸。

智慧小学堂

上不怨天，下不尤人，无论在古代还是当代都是一种优秀的品质。踏实做事，失败了也不刻意寻找外部原因，这样才有利于事情向成功迈进。

不积跬步无以至千里

君子之道，辟如行远必自迩，辟如登高必自卑。

译文

君子实行中庸之道，就像走远路一样，一定要从近处开始；就像登高处一样，一定要从低处开始。

jìng wèi tiān dì zì rán
敬畏天地自然

guǐ shén zhī wéi dé　　　qí shèng yǐ hū　　shì zhī ér fú jiàn
鬼神之为德，其盛矣乎！视之而弗见，

tīng zhī ér fú wén　　tǐ wù ér bù kě yí
听之而弗闻，体物而不可遗。

fú wēi zhī xiǎn　　chéng zhī bù kě yǎn rú cǐ fú
夫微之显，诚之不可掩如此夫！

译文

鬼神的德行可真是大得很啊！看它也看不见，听它也听不到，但它却体现在万物之中使人无法离开它。

从隐微到显著，真实的东西就是这样不可掩盖！

生命不息奋斗不止

故大德必得其位，必得其禄，必得其名，必得其寿。故天之生物，必因其材而笃焉。故栽者培之，倾者覆之。

译文

所以，像舜这样有大德大仁的人，必然会获得天下至尊的地位，必然会获得厚禄，必然会获得美好的名声，而且必然会获得高寿。所以，天生万物，必定要由各自资质的本身来决定是否给予厚待，能够栽培的就一定会去栽培它，不能成材的就遭到淘汰。

智慧小学堂

　　一个人的成功通常与其学习能力是有直接关系的，对于自身资质等外在条件反倒是其次，最重要的还是持之以恒的学习之心，以及对自己内心中的志向坚持不懈的追求。这就是生命不止，奋斗不息的意思。

德孝相连

shēn bù shī tiān xià zhī xiǎn míng　zūn wéi tiān zǐ　fù yǒu sì hǎi
身不失天下之显名，尊为天子，富有四海

zhī nèi　zōng miào xiǎng zhī　zǐ sūn bǎo zhī
之内，宗庙飨之，子孙保之。

译 文

（周武王）不仅没有使他自身失掉显扬天下的美名，反而被天下人尊为天子，普天下都是他的财富，世世代代在宗庙中享受祭献，子子孙孙永保祭祀不断。

礼法为社会之本
lǐ fǎ wéi shè huì zhī běn

践其位，行其礼，奏其乐，敬其所尊，爱
jiàn qí wèi　xíng qí lǐ　zòu qí yuè　jìng qí suǒ zūn　ài

其所亲，事死如事生，事亡如事存，孝之至也。
qí suǒ qīn　shì sǐ rú shì shēng　shì wáng rú shì cún　xiào zhī zhì yě

译文

供奉先王的牌位，行使祭祀的礼节，奏起祭祀的音乐；尊敬那些理应尊敬的人，爱护那些理应亲近的人；侍奉死去的人如同他在世一样，侍奉亡故的人如同他活着时一样，这才是孝的最高标准。

国家治理的法则

好学近乎知，力行近乎仁，知耻近乎勇。知斯三者，则知所以修身；知所以修身，则知所以治人；知所以治人，则知所以治天下国家矣。

译文

爱好学习的人接近智，努力行善的人接近仁，知道羞耻的人接近勇。

知道这三项的人，就知道怎样提高自身的品德修养；知道怎样提高自身的品德修养，就知道怎样治理别人；知道怎样治理别人，就知道怎样去治理天下国家了。

智慧小学堂

　　爱好学习、行善之人、知羞耻，要是一个人能够同时追求这三种品格，这样的人便是一个有仁德的人。有了这三样品格的人做任何事情都会有成就的。

事前三思
shì qián sān sī

凡事豫则立，不豫则废。言前定则不
fán shì yù zé lì　bù yù zé fèi　yán qián dìng zé bù

跲❶，事前定则不困，行前定则不疚，道前定
jiá　shì qián dìng zé bú kùn　xíng qián dìng zé bú jiù　dào qián dìng

则不穷。
zé bù qióng

rén yī néng zhī   jǐ bǎi zhī   rén shí néng zhī   jǐ qiān zhī

人 一 能 之， 己 百 之； 人 十 能 之， 己 千 之。

guǒ néng cǐ dào. yǐ   suī yú bì míng   suī róu bì qiáng

果 能 此 道 矣， 虽 愚 必 明， 虽 柔 必 强。

注 释

❶ 跲：绊倒。此处指说话不顺畅。

译 文

　　无论做什么事情，事前有准备就会成功，没有准备就不能成功。说话先有准备，讲起话来就会流畅而无障碍；做事先有准备，做事时就不会感到有什么困难；做事先有准备，行动之后就不会产生内疚；道路预先选定，就不会走投无路。

　　别人一遍能做好的，我做它一百遍也一定能做好；别人十遍能做好的，我做它一千遍也一定能做好。一个人如果能够按照这个道理去做，那么即使是愚蠢的人，也一定会变得聪明；即使是柔弱的人，也一定会变得刚强。

智慧小学堂

　　说话先有准备，就不会理屈词穷站不住脚。行事前计划先有定夺，就不会发生错误或后悔的事。对于这样做事和说话的方法我们一定要学习，对我们的成长非常有帮助。

真实无妄为"诚"

zhēn shí wú wàng wéi chéng

自❶诚明，谓之性；自明诚，谓之教。
zì chéng míng wèi zhī xìng zì míng chéng wèi zhī jiào

诚则明矣，明则诚矣。
chéng zé míng yǐ míng zé chéng yǐ

注释

❶自：由于。

译文

由于内心诚实而明察事理，这叫作天性；由于明察事理后达到内心真诚，这叫作后天的教育感化。凡心真诚也就会自然明察事理，而明察事理也就会做到内心诚实。

至诚可不朽
zhì chéng kě bù xiǔ

唯天下至诚，为能尽其性❶；能尽其性，则能尽人之性；能尽人之性，则能尽物之性；能尽物之性，则可以赞天地之化育；可以赞天地之化育，则可以与天地参矣❷。

注释

❶尽其性：即尽量发挥本性。

❷与天地参：与天地并列为三。参，同"三"。

译文

只有天下至诚的圣人，才能尽量发挥他的本性；能尽量发挥自己天赋的本性，就能尽量发挥天下人的本性；能尽量发挥天下人的本性，就能尽量发挥万物的本性；能尽量发挥万物的本性，就可以帮助天地对万事万物进行演化和发展；能帮助天地对万事万物进行演化和发展，就可以与天地并立为三了。

精诚所至金石为开
jīng chéng suǒ zhì jīn shí wéi kāi

其次致曲❶，曲能有诚，诚则形，形则
qí cì zhì qū　　qū néng yǒu chéng　chéng zé xíng　xíng zé

著，著则明，明则动，动则变，变则化，唯
zhù　zhù zé míng　míng zé dòng　dòng zé biàn　biàn zé huà　wéi

天下至诚为能化。
tiān xià zhì chéng wéi néng huà

注 释

❶ 致曲：推究出细微事物的道理。致，推致。

译 文

那些次于圣人的贤人，如果能通过学习而推究一切细微事物的道理，那么由此也能达到诚；内心诚实了就会表现出来，表现出来了就会日益显著，日益显著就会更加光明，更加光明而后能使人心感动，就会使人发生转变，使人发生了转变，就可以化育万物，只有天下至诚之人才能做到化育万物。

至诚如神
zhì chéng rú shén

至诚之道，可以前知。祸福将至：善，
必先知之；不善，必先知之。故至诚如神。

（译）（文）

掌握了至诚之道，就可以预知未来的事。祸福即将要来临时，是吉兆，是一定可以预先知道的；是凶兆，也一定可以预先知道。所以最高的真诚就像神灵一样微妙。

内仁外智

nèi rén wài zhì

chéng zhě fēi zì chéng jǐ ér yǐ yě   suǒ yǐ chéng wù yě
诚①者，非自成己而已也，所以成物也。

chéng jǐ   rén yě   chéng wù   zhì yě   xìng zhī dé yě   hé wài
成己，仁也；成物，知也。性之德也，合外

nèi zhī dào yě   gù shí cuò zhī yí yě
内之道也，故时措之宜也。

注 释

① 诚：此处的诚，从广义上讲，指的是贯穿于一切事物中的实理，即事物的本质和发展规律。

译 文

所谓诚，并不仅仅是完成自身的品德修养就算到头了，而是要使万物都得到完成。完成自身的品德修养便是"仁"；使万物得到完成便是"智"，"仁"和"智"都是人们天性中所固有的美德，它们内外结合，便是"成己""成物"的道理，所以经常实行就没有不适宜的地方。

天地与我并一

tiān dì yǔ wǒ bìng yī

bó hòu   suǒ yǐ zài wù yě   gāo míng   suǒ yǐ fù wù yě

博厚，所以载物也；高明，所以覆物也；

yōu jiǔ   suǒ yǐ chéng wù yě

悠久，所以成物也。

译文

　　广博深厚，所以能承载天下万物；精明高妙，所以能覆盖天下万物；悠远长久，所以能生成天下万物。

智慧小学堂

　　"天地与我并一"，这句话直接体现了中国古典哲学最高追求，而在《中庸》中"和"的思想被子思发展到巅峰，该思想几乎影响了中国几千年的历史。

行者无疆
xíng zhě wú jiāng

故君子尊德性而道问学，致广大而尽精微，极高明而道中庸。国有道其言足以兴，国无道其默足以容。

译文

因此君子尊崇道德而又追求学问，既达到广博的地步，而又穷尽精微之处，达到精深高妙的境界，不偏不倚，遵循中庸之道。国家政治清明时，他的言论足以振兴国家；国家政治黑暗时，他的沉默足以保全自己。

礼为规范

lǐ wéi guī fàn

愚而好自用❶，贱而好自专❷。虽有其位，
yú ér hào zì yòng   jiàn ér hào zì zhuān   suī yǒu qí wèi

苟无其德，不敢作礼乐❸焉；虽有其德，苟无
gǒu wú qí dé   bù gǎn zuò lǐ yuè   yān   suī yǒu qí dé   gǒu wú

其位，亦不敢作礼乐焉。
qí wèi   yì bù gǎn zuò lǐ yuè yān

注 释

❶ 自用：自以为是。

❷ 自专：按自己的主观意志独断专行。

❸ 乐：音乐。

译 文

愚昧的人往往喜欢凭自己的主观意图行事；卑贱的人却常常喜欢独断专行。虽然处在天子的地位，如果没有圣人的德行，是不敢制作礼乐制度的；虽然有圣人的美德，如果没有天子的地位，也是不敢制作礼乐制度的。

德行为处世之本

是故君子动而世为天下道，行而世为天下法，言而世为天下则。远之则有望，近之则不厌。

译文

所以君王的言语行动能世世代代成为天下共行的道理，君王的所作所为能世世代代成为天下遵循的法度，君王言谈话语能世世代代成为天下必守的准则。隔得远的则有仰慕之心，离得近的也不会有厌恶之意。

万物并育而不害

万物并育①而不相害，道并行而不相悖②。小德川流，大德敦化，此天地之所以为大也。

注释

① 并育：即同时生长。

② 道：指天地之道，即四季更迭，日月交替之道。悖：违背。

译文

天地间万物同时生长而互不妨害，天地之道同时并行而互不冲突。小的德行如河水一样长流不息，大的德行使万物敦厚淳朴，无穷无尽。这就是天地之所以盛大的原因。

智慧小学堂

　　天地承载着万物，它不会因为万物有这样那样的优点和缺点，而对其差别对待，我们人也是生在天地之间的，这样看来我们是与万物共同生长在天地之间的。我们的德行就应该像天地一样，能将所有事物都包容进来。

至圣的境界

溥博渊泉，而时出之。溥博如天，渊泉如渊。见而民莫不敬，言而民莫不信，行而民莫不说。

译文

圣明伟大的人，他们的美德广博而深厚，并常常会表露出来。他们的美德就像天空一样广阔，就像潭水一样幽深。这种美德表现在仪容上，老百姓没有谁不敬佩；表现在言谈中，老百姓没有谁不信服；表现在行动上，老百姓没有谁不喜悦。

智慧小学堂

　　至圣的精神境界，我们普通人也是能够追求的，当一个人的思想达到至圣的境界时，他的美德会像太阳一样，自动散发出来，所有靠近的人都会感到喜悦。

至诚方能至圣
zhì chéng fāng néng zhì shèng

唯天下至诚，为能经纶天下之大经❶，
立天下之大本❷，知天地之化育。夫焉有所
倚？肫肫其仁！渊渊❸其渊！浩浩❹其天！

注 释

❶ 大经：指常道，法规。
❷ 大本：根本德行。
❸ 渊渊：水深。
❹ 浩浩：指水盛大的样子。

译 文

只有天下达到诚的最高境界的人，才能创制天下的大纲，才能
树立天下的根本大德，掌握天地化育万物的道理，这怎么会有偏向
呢？他的仁心是那样地真诚，他的思虑像潭水般幽深，他伟大的美
德像苍天一样广阔。

圣人之道行中庸
shèng rén zhī dào xíng zhōng yōng

jūn zǐ zhī suǒ bù kě jí zhě qí wéi rén zhī suǒ bú jiàn hū

君子之所不可及者，其唯人之所不见乎？

（译）（文）

　　人们之所以不能超越君子的原因，大概就是因为君子在这些不被人看见的地方也严格要求自己。

图书在版编目（CIP）数据

藏在四书五经里的那些智慧：思维导图彩绘版．大学 中庸 / 新新世纪编． -- 五家渠：新疆生产建设兵团出版社，2022.3

ISBN 978-7-5574-1781-9

Ⅰ．① 藏… Ⅱ．① 新… Ⅲ．① 儒家 ② 四书－儿童读物 ③ 五经－儿童读物 ④《大学》－儿童读物 ⑤《中庸》－儿童读物 Ⅳ．① B222.1-49 ② Z126.1-49

中国版本图书馆 CIP 数据核字（2022）第 032764 号

责任编辑：吴秋明

藏在四书五经里的那些智慧：思维导图彩绘版．大学 中庸

出版发行	新疆生产建设兵团出版社	
地　址	新疆五家渠市迎宾路 619 号	
邮　编	831300	
电　话	0994-5677185	
发　行	0994-5677116	
传　真	0994-5677519	
印　刷	三河市双升印务有限公司	
开　本	710 毫米 × 1000 毫米　1/16	
印　张	40	
字　数	40 千字	
版　次	2022 年 3 月第 1 版	
印　次	2022 年 4 月第 1 次印刷	
书　号	ISBN 978-7-5574-1781-9	
定　价	188.00 元	